HERAUSGEGEBEN VOM DEUTSCHEN MARINEBUND E.V.

Das Marine-Ehrenmal in Laboe
„Für die Ewigkeit, zeitlos, klar …"

TEXT VON DIETER HARTWIG
FOTOGRAFIEN VON REINHARD SCHEIBLICH

CONVENT VERLAG

Der Herausgeber dankt den folgenden Firmen und Einrichtungen für ihre Unterstützung:

AXA Versicherung, Wilhelmshaven
Blohm + Voss GmbH, Hamburg
Color Line GmbH, Kiel
Deutsches Luftschiff- und Marinefliegermuseum Nordholz e.V.
Deutsches Marinemuseum, Wilhelmshaven
Gemeinde Laboe
Howaldtswerke-Deutsche Werft AG, Kiel
Ministerium für Bildung, Wissenschaft, Forschung und Kultur
des Landes Schleswig-Holstein
Provinzial Versicherungen, Heikendorf
Robbe & Berking Silberwaren, Flensburg
Sparkassenstiftung Schleswig-Holstein, Kiel
Volksbank Wilhelmshaven eG

© 2004 Convent Verlag GmbH, Hamburg
Umschlaggestaltung: X-six agency GmbH, Hamburg
Satz und Reproduktion: KCS GmbH Buchholz/Hamburg
Druck und Bindung: Druckerei zu Altenburg GmbH, Altenburg
ISBN 3-934613-75-6

Inhalt

Vorwort
des Präsidenten des Deutschen Marinebundes e.V.
Seite 12

Eine Idee in ihrem geschichtlichen Umfeld
Seite 14

Der Standort an der Kieler Förde
Seite 17

Entwürfe und Entscheidung
Seite 21

Grundsteinlegung 1927
Seite 24

„Wer Geld hat für Schnaps und Zigaretten..."
Seite 27

Turmbau zu Laboe 1929
Seite 32

Die Ehrenhalle im Turm
Seite 57

Die Gedenkhalle
Seite 64

„Zum Ruhme der Großtaten der Kaiserlichen Marine..." –
die ursprüngliche Ehrenhalle
Seite 73

„Die Deutschen und die See" - die Historische Halle
Seite 79

Vollendung: Umfassungsmauer und Geländegestaltung
Seite 86

Einweihung 1936 im Geiste der Zeit
Seite 88

Flaggenraum und Ausstellung „Geschichte des Marine-Ehrenmals"
Seite 97

Im Außenbereich des Marine-Ehrenmals
Seite 101

Das Ehrenmal in der Wahrnehmung der Öffentlichkeit
Seite 109

Im Spiegel der Presse und im Wirbel der Kritik
Seite 114

Ein Wort zum Schluß
Seite 116

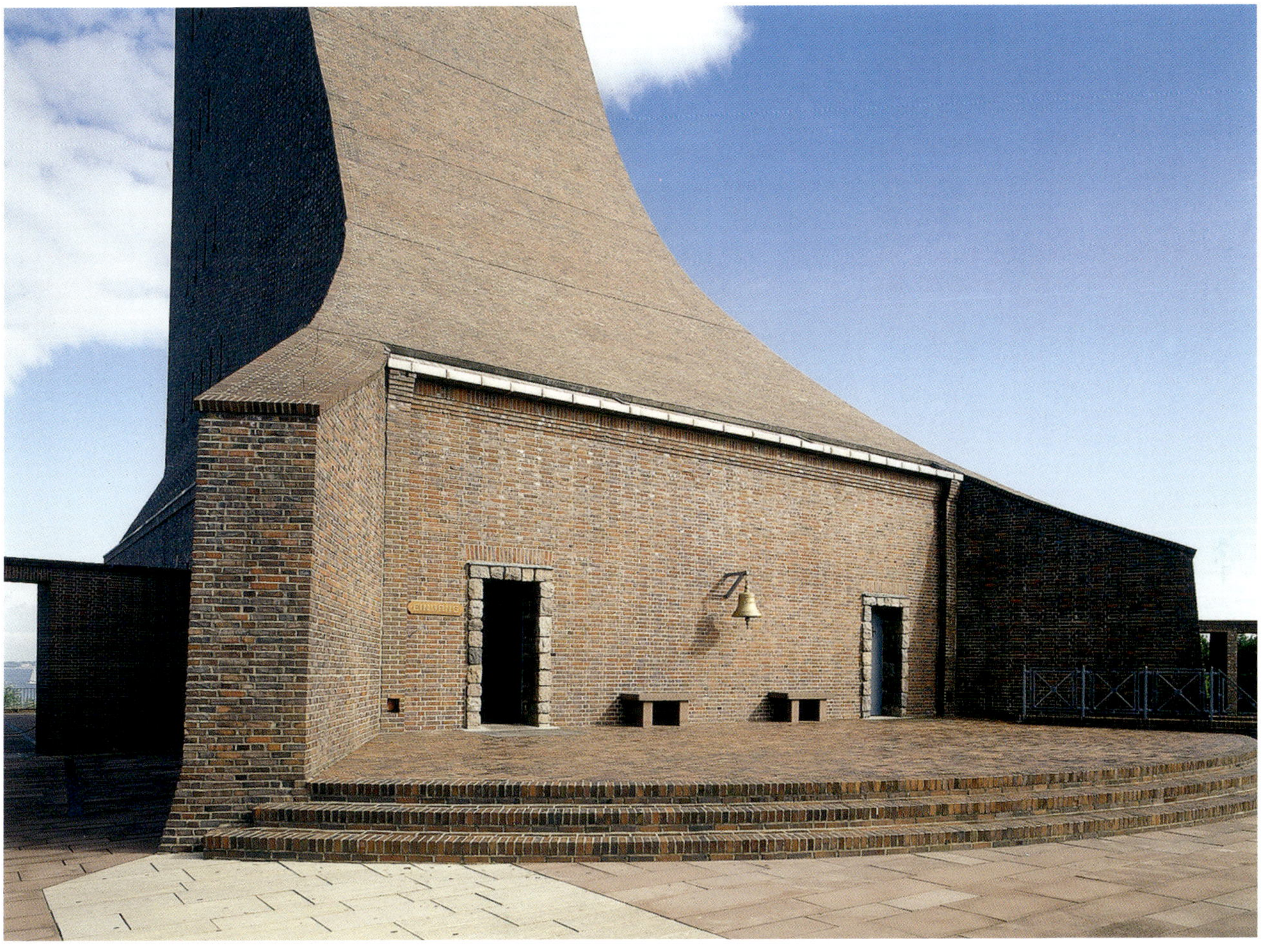

HANSEZEIT
BEGINN DER OZEANISCHEN ZEIT

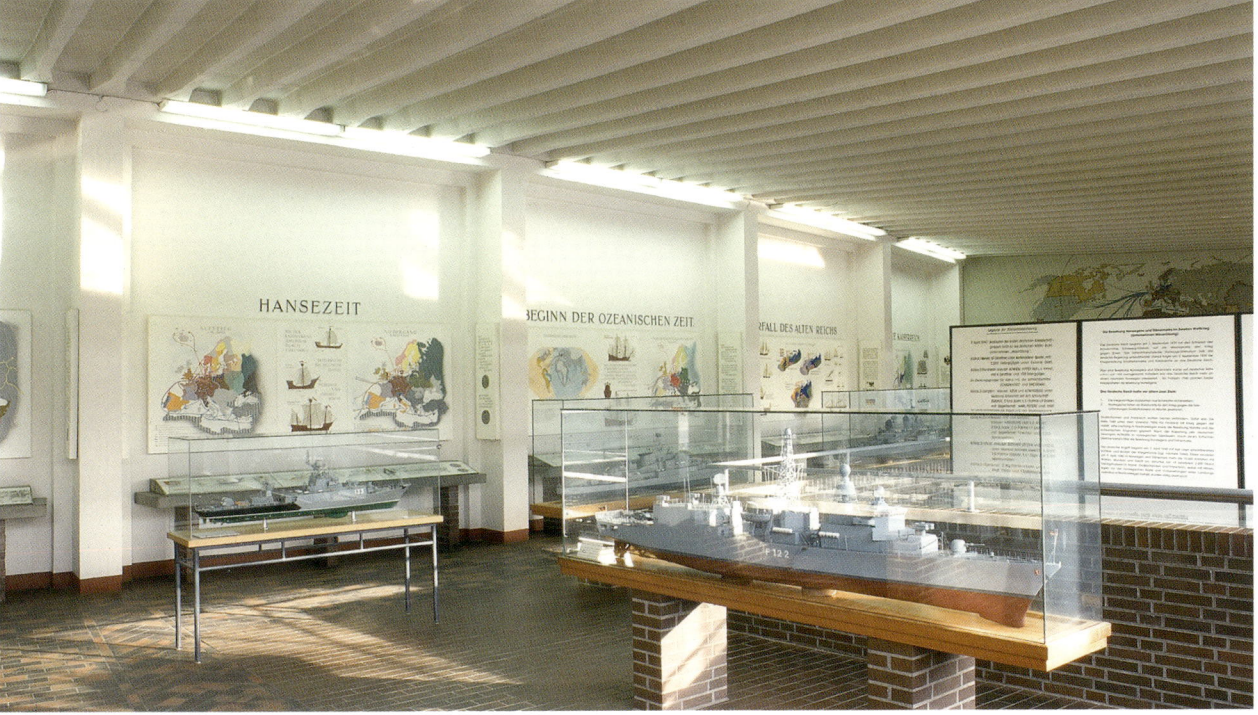

HEIMKEHR DER SCHIFFSSCHRAUBE

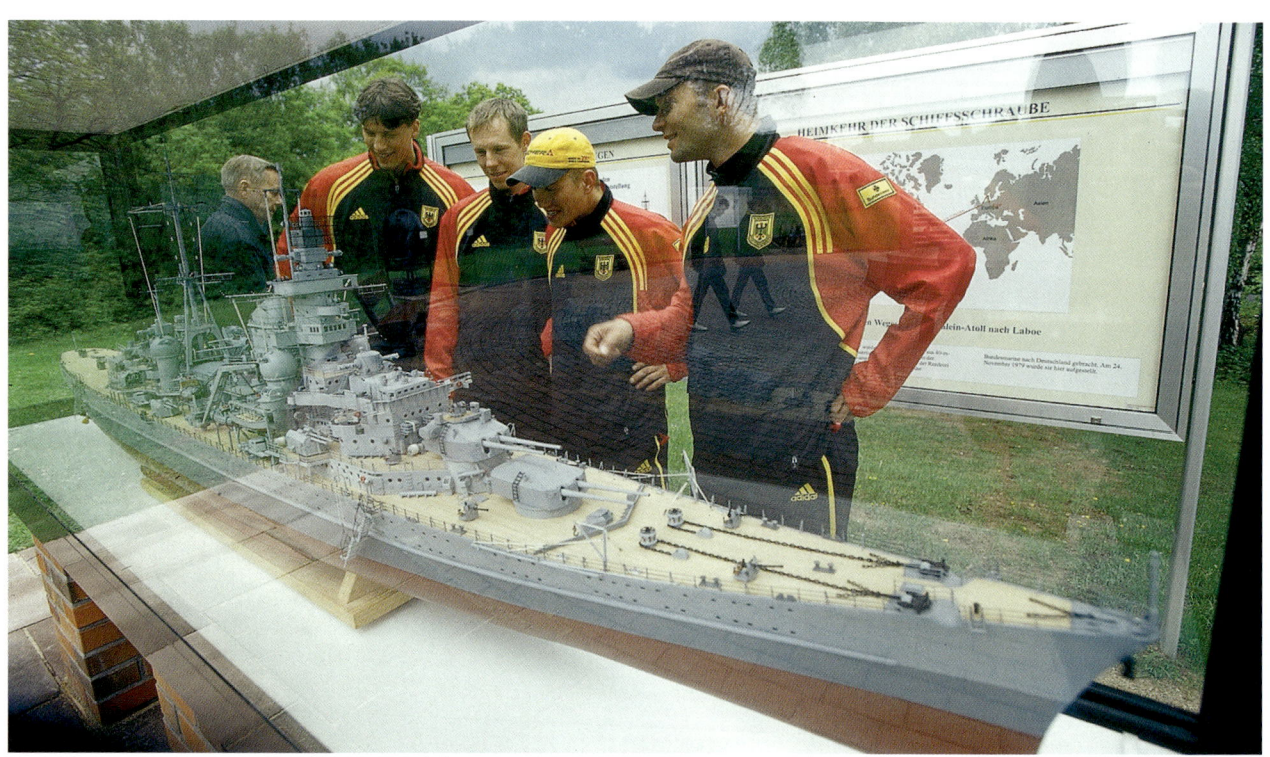

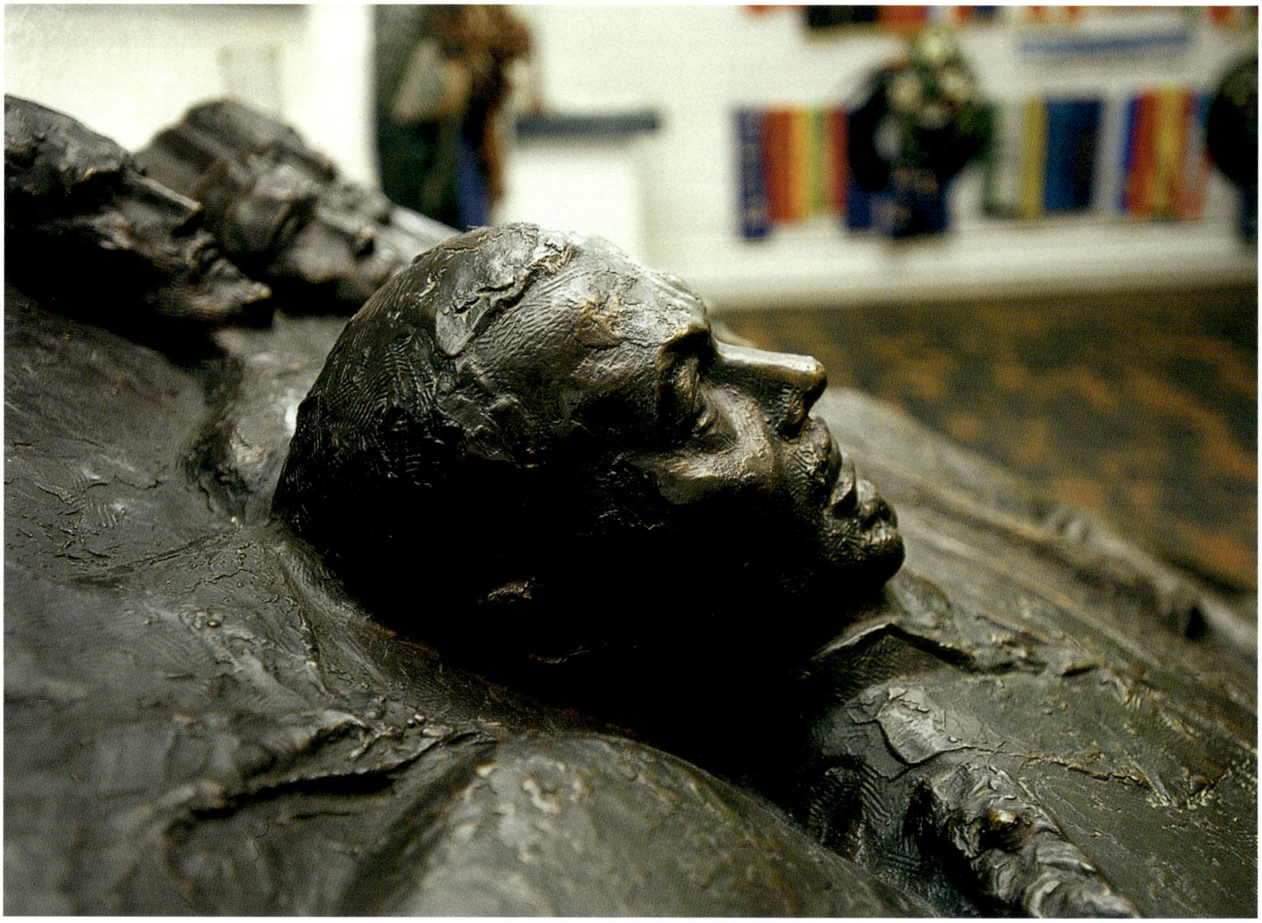

Vorwort
des Präsidenten des Deutschen Marinebundes e.V.

Seit Herbst 1929, also seit fast genau 75 Jahren prägt der Turm des Marine-Ehrenmals in Laboe das Bild der Kieler Außenförde. Nur sehr wenige der heute lebenden Menschen erinnern sich an die Kieler Bucht ohne den hohen Turm des Marine-Ehrenmals. Für die Schifffahrt ist er ein festes, weithin sichtbares „See-" und „Sehzeichen", das man bei der Einfahrt nach Kiel und zum Nord-Ostsee-Kanal an seiner Backbord-Seite lässt. Es ist guter Brauch der passierenden deutschen und ausländischen Kriegsschiffe, der
  „Gedenkstätte für die auf See Gebliebenen aller Nationen"
  gleichzeitig
  „Mahnmal für eine friedliche Seefahrt auf freien Meeren"
durch die Ehrenbezeugung „FRONT!" Respekt zu erweisen. Diesem Zeremoniell schließen sich auch einige Handelsschiffe gerne an.

Das Marine-Ehrenmal ist ein auf der Welt einmaliges Monument, das ursprünglich als eine rein nationale Gedenkstätte errichtet worden war, ja, das als ein Nationalsymbol verstanden wurde. Es ist seither zu einer maritimen Gedenkstätte mit internationaler Anerkennung geworden, die gerade auch in unserer Zeit lebendig ist und Bedeutung hat. Während der Kieler Woche legen die im Hafen anwesenden Kriegsschiffe aller Nationen in einer gemeinsamen Zeremonie Kränze zum ehrenden Gedenken an ihre auf See gebliebenen Kameraden nieder. Am Volkstrauertag findet hier eine gemeinsame Gedenkfeier der Deutschen Marine und des Deutschen Marinebundes, des Landes Schleswig-Holstein und der Landeshauptstadt Kiel, des Kreises Plön und der Gemeinde Laboe sowie der Marine-Offizier-Vereinigung und des Volksbundes Deutsche Kriegsgräberfürsorge statt. Tausende Menschen aus vielen Teilen Deutschlands und der Welt besuchen jährlich das Marine-Ehrenmal, genießen den Blick über die Förde, halten aber auch ein in einem Moment der Stille.

Dieses expressionistische Backsteindenkmal wurde durch den Bund Deutscher Marine-Vereine, den Vorgänger des heutigen Deutschen Marinebundes e.V. (DMB), errichtet. Es ist im Besitz des DMB und wird bis heute ausschließlich mit privaten Mitteln erhalten. Es ist der feste Wille des DMB, das Ehrenmal als lebendige Gedenkstätte der deutschen Marinen zu pflegen, zu unterhalten und auszubauen, damit es nicht nur den heutigen Menschen, sondern auch zukünftigen Generationen als Gedenk- und Mahnstätte erhalten bleibt. Es geht dabei nicht um Heldengedenken, sondern um das Gedenken an die vielen Opfer der Kriege und um die stille aber deutliche Mahnung an Frieden in Freiheit. Während der 50-Jahr-Feier des Marine-Ehrenmals 1986 hat der damalige Inspekteur der Marine, Vizeadmiral Dieter Wellershoff, eine Bitte ausgesprochen, die ich eingangs dieses Buches gerne wiederhole:
  „Wir bitten alle, Laboe richtig zu verstehen,
  – als ein sichtbares Zeichen jüngerer deutscher Geschichte,
  – als Mahnung zum Frieden,
  – als Ehrenmal für die Toten auf See gleich welcher Nationalität und
  – als ein Zeichen der Gemeinschaft der Seefahrer."

Das vorliegende Buch stellt das Marine-Ehrenmal in Laboe dar und erläutert seine Bedeutung in Geschichte und heutiger Zeit. Es wird herausgegeben aus Anlass des 50. Jahrestages der Rückgabe aus alliierter Beschlagnahmung nach dem Zweiten Weltkrieg. Herausgeber und Autoren hoffen, mit diesem Buch die maritime Gedenkstätte in Laboe besser im Bewusstsein der Bevölkerung zu verankern und damit zu ihrem Erhalt beizutragen.

Ich danke den Autoren, Herrn Fregattenkapitän a. D. d.R. Dr. Dieter Hartwig, Kiel (Text) und Herrn Reinhard Scheiblich, Hamburg (Bild), für ihr Engagement. Ich danke der Universität der Bundeswehr, Hamburg sehr herzlich für die Unterstützung. Mein Dank gilt auch allen Freunden und Förderern, die dem Deutschen Marinebund e.V. mit Rat und Tat zur Seite gestanden und ihn zu diesem Buch ermuntert haben, vor allem Herrn Fregattenkapitän Dr. Jörg Hillmann, der die Idee zu diesem Buch hatte. In diesen Dank schließe ich auch jene Firmen und Einrichtungen ein, die durch finanzielle Zuwendungen die Herstellung des Bildbandes unterstützt haben, sodass er zu einem günstigen Preis der interessierten Leserschaft angeboten werden kann.

Letztlich danke ich Ihnen, den Käufern und Lesern dieses Buches, denn Sie tragen durch den Erwerb und durch das Verbreiten des Wissens um das Marine-Ehrenmal in Laboe wesentlich zu dessen Erhaltung bei.

Michael Kämpf
Kapitän zur See a.D.
Präsident des Deutschen Marinebundes e.V.

Eine Idee in ihrem geschichtlichen Umfeld

Am Ende des Ersten Weltkrieges (1914-1918) hatten alle beteiligten Staaten zusammen etwa 8,5 Mio. Tote zu beklagen. Dazu kamen 21 Mio. Verwundete sowie 7,7 Mio. Vermißte und Gefangene. Von den ungefähr 1,8 Mio. Gefallenen auf deutscher Seite waren 34.836 Angehörige der Kaiserlichen Marine auf allen Kriegsschauplätzen auf See und an Land. Wie nach den Kriegen des 19. Jahrhunderts entstanden auch nach dem Ersten Weltkrieg Denkmäler, die zugleich Ehren- und Mahnmale sein sollten. Das bekannteste in Deutschland war (1927) das Tannenberg-Denkmal in Ostpreußen. Während des Baus des Marine-Ehrenmals in Laboe entstand im nahegelegenen Möltenort für die 5.132 Gefallenen der U-Bootwaffe im Ersten Weltkrieg das U-Boot-Ehrenmal. Es wurde 1930 erstmals eingeweiht. Die marode Säule wurde 1936 abgerissen, neu aufgebaut und das Ehrenmal 1938 erneut eingeweiht. Nach dem Zweiten Weltkrieg wurde es zur Aufnahme der etwa 30.000 Gefallenen der U-Bootwaffe weitgehend neu gestaltet.

Wilhelm Lammertz, ehemaliger Obermaat der Kaiserlichen Marine und Vorsitzender des Marine-Vereins GRAF SPEE Duisburg, schlug 1925 vor, mit einem Ehrenmal derer zu gedenken, *die ihr Leben opferten, ohne daß ein Stein oder eine Blume die Stelle, an der sie fielen, schmückte.* Für den „Bundestag" des Bundes Deutscher Marine-Vereine in Erfurt (31. Juli bis 4. August 1925) lag dazu ein Antrag vor: *Nr. 29, M.-V. Duisburg: Bundesseitig für die im Weltkriege gebliebenen Kameraden ein würdiges Ehrenmal zu schaffen.* 1957 wurde eine Gedenktafel für Wilhelm Lammertz im Ehrenmal angebracht. Jetzt befindet sie sich in der Ausstellung zur Geschichte des Marine-Ehrenmals im zweiten Stockwerk des Turmes. Hier sieht der

Das Reichsehrenmal Tannenberg am Tage seiner Einweihung am 18. September 1927, errichtet zur Erinnerung an die Tannenberg-Schlacht (27.– 30.08.1914).

Das U-Boot-Ehrenmal (Möltenort) am Ostufer der Kieler Förde, Entwurf von Heinrich Hansen, Kiel, eingeweiht am 8. Juli 1930.

Unten links: Die Hauptversammlung des 31. Abgeordnetentages des Bundes Deutscher Marine-Vereine beschloß in Duisburg am 3. Juli 1926 den Bau des Marine-Ehrenmals.

Wilhelm Lammertz, geb. 1. November 1874, gest. 1. Mai 1961, ehemaliger Unteroffizier der Kaiserlichen Marine, hatte die Idee zur Errichtung des Marine-Ehrenmals und hat sich wie kein anderer für die Verwirklichung eingesetzt.

17. Zu den Anträgen Nr. 24 und 25 betr. Marine-Ehrenmal wurde eine Entschließung des Denkmalausschusses angenommen, nach der der Bund grundsätzlich die Errichtung eines Marine-Ehrenmals beschlossen hat. Der Gemeindevorstand Laboe hat den Ausschuß zu einer Besichtigung des vom M.-V. Laboe vorgeschlagenen Platzes eingeladen.

Die Tafel mit dem Weihespruch des Marinedekans Friedrich Ronneberger vom 8. August 1927 befindet sich heute in der Ausstellung „Geschichte des Marine-Ehrenmals".

Besucher auch eine hölzerne Tafel mit dem Spruch des Marinedekans Friedrich Ronneberger anlässlich der Einweihung am 30. Mai 1936.

Das Ehrenmal sollte also sowohl den auf See, als auch den an den Landfronten (Flandern) „gebliebenen" Marinesoldaten gewidmet sein – als Trauer- und Gedenkstätte, aber auch als Mahnmal für die Lebenden: *Seid Deutsche, wie wir es waren, getreu bis in den Tod!* Die Hinterbliebenen sollten an diesem Ehrenmal ihrer Toten, für die es keine Grabstätte gab, gedenken können; gleichzeitig sollte den Besuchern des Ehrenmals und insbesondere der Jugend die Bedeutung der See, der Seefahrt und die Notwendigkeit einer Marine vor Augen geführt werden.

Mit dieser Tafel in der Ausstellung „Geschichte des Marine-Ehrenmals" erinnert der Deutsche Marinebund e. V. seit 1957 an Wilhelm Lammertz.

Der Standort an der Kieler Förde

Der Bund Deutscher Marinevereine beschloß 1926 den Bau eines Marine-Ehrenmals. Als Ort kamen naturgemäß nur Standorte an der Küste in Frage. Die Gemeinde Laboe bot kostenlos ein Gelände an, auf dem bisher ein Panzerturm gestanden hatte. Dieser musste wie alle Befestigungen an den deutschen Küsten wegen des Versailler Vertrages abgebaut werden. Der Standort an der äußeren Kie-

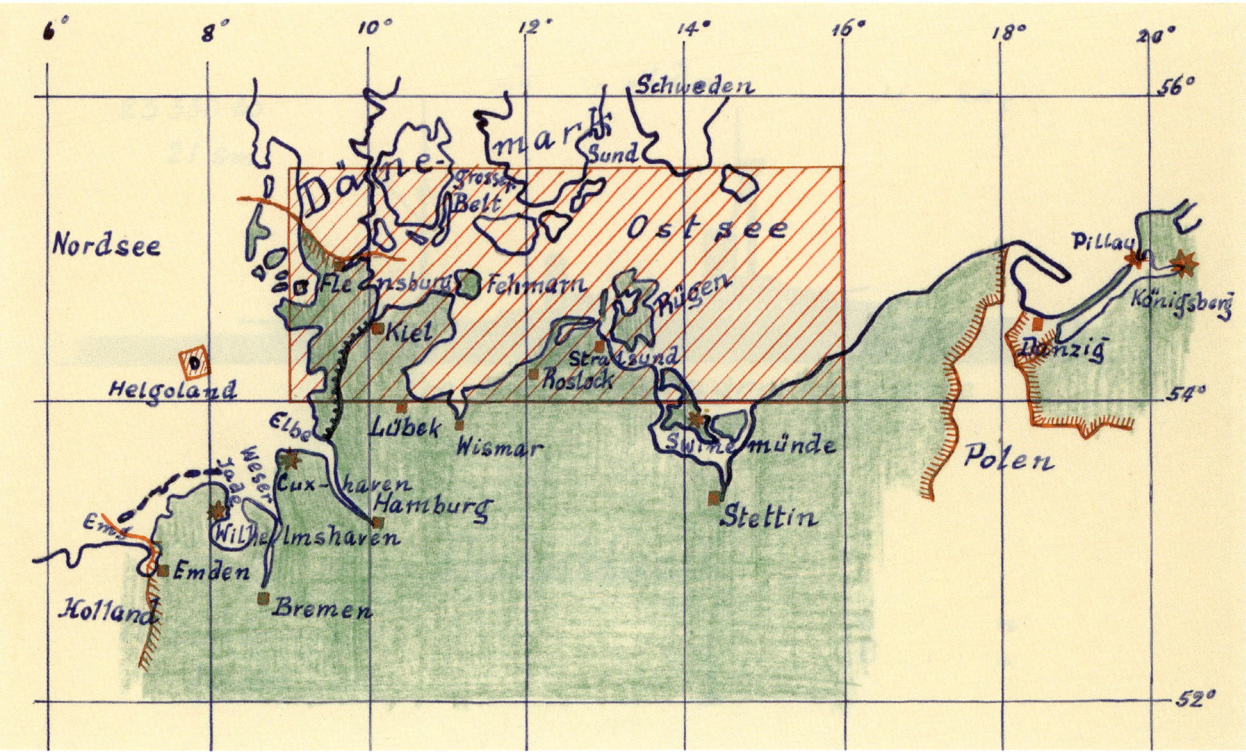

Artikel 190 des Versailler Vertrages vom 28. Juni 1919 legte die Größe der deutschen Marine fest; Artikel 195 bestimmte die erlaubten Festungen bzw. „Entfestigungen"; die Karte zeigt das betroffene Gebiet.

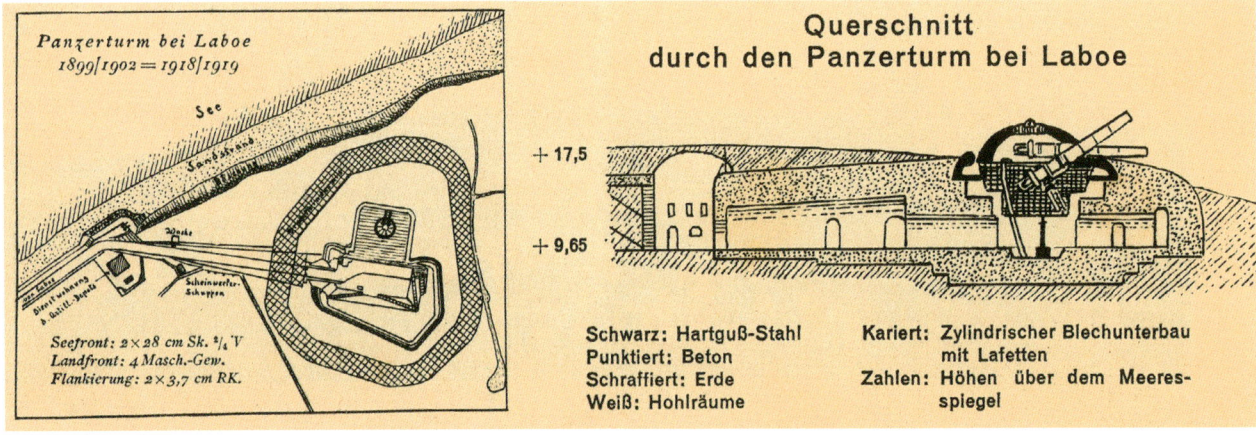

Am Ort des Marine-Ehrenmals stand vorher ein Panzerturm zur Verteidigung der Kieler Förde; er wurde 1899-1902 gebaut und 1918-1919 wegen des Versailler Vertrages geschleift.

ler Förde erfüllt die Bedingungen des Bundes Deutscher Marine-Vereine in besonderer Weise:

1. Das Marine-Ehrenmal sollte mit öffentlichen Verkehrsmitteln gut erreichbar sein. Das war und ist mit dem Bahnanschluß (und seit 1972 Autobahn) bis Kiel und von dort mit der Fördeschifffahrt gegeben. Hier spielte und spielt auch die Nähe zur alten Marinestadt Kiel als ein von Touristen besuchter Ort eine bedeutende Rolle: Das Marine-Ehrenmal fand und findet so die Aufmerksamkeit vieler Besucher aus Deutschland und der Welt, so z. B. während der Olympischen Segelwettbewerbe 1936 und 1972 sowie alle Jahre wieder während der KIELER WOCHE.

2. Mit dem zentralen Gedenkort für die Gefallenen der Kaiserlichen Marine sollte der internationalen Schifffahrt deutlich vor Augen geführt werden, wie nachdrücklich man in Deutschland seiner Gefallenen gedenkt. Diese Forde-

rung wird mit der Funktion des Ehrenmalturmes als Ansteuerungsmarke für alle Schiffe auf dem Weg zum oder vom Nord-Ostsee-Kanal erfüllt.

3. Die Erinnerung an die kaiserliche Hochseeflotte wird durch die Nähe zum „Exerzierplatz der kaiserlichen Hochseeflotte" aufrechterhalten – im Seegebiet vor dem kaiserlichen Hauptkriegshafen Kiel hatten die Besatzungen der Großkampfschiffe und Torpedoboote deren Handhabung erlernt. Diese Fertigkeit machte es während der Skagerrak-Schlacht (31. Mai/1. Juni 1916) möglich, sich gegenüber dem überlegenen Gegner unter schwierigsten Bedingungen zu behaupten. In dieser *größten Seeschlacht aller Zeiten* erlitt die Royal Navy mehr Verluste als die (schwächere) kaiserliche Hochseeflotte.

Die Skagerrak-Schlacht 1916

Die kaiserliche Hochseeflotte sollte nach den Vorstellungen des Großadmirals Alfred v. Tirpitz (Staatssekretär des Reichsmarineamtes, geb. 19.03.1849, gest. 06.03.1930) so stark sein, dass keine andere Seemacht eine Schlacht wagen dürfte. Finanzknappheit und der überraschende Kriegsausbruch im August 1914 verhinderten die Vollendung des geplanten Aufbaus der kaiserlichen Hochseeflotte, wohingegen Großbritannien seine Flotte erheblich ausbaute. Der Einsatzbefehl für die kaiserliche Hochseeflotte (30.07.1914) sah einen Kräfteausgleich vor, bevor es zur Entscheidungsschlacht zwischen den beiden Flotten hätte kommen dürfen. Tatsächlich aber veränderte sich das Kräfteverhältnis zu Ungunsten der kaiserlichen Hochseeflotte.
Beide Seiten unternahmen in den ersten Kriegsjahren nur Vorstöße mit wenigen Einheiten. Für Ende Mai 1916 planten der britische und der deutsche Flottenchef (Admiral Sir John Jellicoe und Vizeadmiral Reinhard Scheer) einen Vorstoß mit der gesamten Flotte in die mittlere Nordsee. Infolge Funktäuschung und ungünstiger Wetterbedingungen blieben die gegenseitigen Maßnahmen, vor allem aber die Anzahl der beteiligten Schiffe beiden Seiten unbekannt. Tatsächlich handelte es sich um 59 deutsche und 99 britische Linienschiffe und Schlachtkreuzer unterschiedlichen Alters.
Bei der Untersuchung eines dänischen Dampfers etwa in Höhe der Nordspitze von Jütland stießen am 31. Mai 1916 früh nachmittags die beiden Schlachtkreuzer-Vorhuten aufeinander. Im Verfolgungsgefecht in Richtung auf die kaiserliche Hochseeflotte erhielten mehrere deutsche und britische Schiffe schwere Treffer, zwei britische Schlachtkreuzer und ein älterer Panzerkreuzer sanken (nur 18 Überlebende von 3.321 Mann). Als die kaiserliche Hochseeflotte in Sicht kam, änderten die britischen Schiffe den Kurs auf Nord in Richtung der britischen Hochseeflotte. Bevor noch die Hauptkräfte aufeinander stießen, sank der Kleine Kreuzer WIESBADEN im Feuer britischer Schlachtschiffe (589 Tote, darunter Johann Kinau/"Gorch Fock"; nur ein Überlebender). Die britischen Schiffe formierten sich zu einer Kiellinie (Kurs Südost) und

bildeten so den Querstrich des „T" über der Kiellinie der deutschen Schiffe (Kurs Nordost). So konnten die britischen Schiffe ihre gesamte Breitseiten-Feuerkraft insbesondere auf die vorderen deutschen Schiffe konzentrieren, die ihrerseits nur schräg nach vorne feuern konnten und sich gegenseitig behinderten. Dieser ungünstigen Lage entzog sich die kaiserliche Hochseeflotte durch eine Gefechtskehrtwendung - die Schiffe gingen gleichzeitig (!) auf Gegenkurs, drehten aber kurz darauf mit einer zweiten Gefechtskehrtwendung wieder auf den Gegner zu. Aus der erneut ungünstigen Situation befreite sich die kaiserliche Hochseeflotte mit einer dritten Gefechtskehrtwendung, während gleichzeitig die Torpedobootsflottillen durch einen Angriff die britischen Schiffe zum Abdrehen veranlassten. Im anschließenden Nachtgefecht bei leicht divergierenden Kursen sanken noch mehrere deutsche und britische Schiffe; die Flotten verloren anschließend den Kontakt zueinander und erreichten am 1. Juni 1916 ihre Heimathäfen.

Insgesamt fanden 3.039 deutsche und 6.784 britische Soldaten den Tod, gingen zwei deutsche und sechs britische Großkampfschiffe unter, außerdem fünf britische und acht deutsche Torpedoboote sowie vier Kleine Kreuzer der kaiserlichen Hochseeflotte.

Nach dieser, gemessen an der Zahl der beteiligten Schiffe, „größten Seeschlacht der Geschichte" beschränkte sich die britische Hochseeflotte auf eine „Fernblockade" zwischen den Shetland-Inseln und Norwegen; weil sie dort für die kaiserliche Hochseeflotte unerreichbar war, verblieb diese bis Kriegsende in ihren Stützpunkten – zwar untätig, aber als mögliche Bedrohung band sie die britische Flotte in der Nordsee.

Entwürfe und Entscheidung

Fünf namhafte Architekten wurden aufgefordert, sich an einem Entwurfswettbewerb für das Marine-Ehrenmal zu beteiligen. Der von dem Düsseldorfer Professor Gustav August Munzer vorgelegte Entwurf wurde im April 1927 mit der Auflage ausgewählt, den Turm zu „verschlanken"; außerdem sollte die den Ehrenhof

Ein Modell dieses Entwurfes von Heinrich Zeiler und Hans Bühling wurde auf dem Abgeordnetentag in Duisburg 1926 ausgestellt.

Im Januar 1929 stellte der Bund Deutscher Marine-Vereine mit einem „Werbeheft für das Marine-Ehrenmal, ein Merkblatt und Mahnruf" das Marine-Ehrenmal vor – auf der Titelseite eine künstlerische Darstellung des noch nicht begonnenen Ehrenmales.

Gustav August Munzer, geb. 9. Januar 1887, gest. 23. August 1973 (hier im Jahre 1911), und sein ursprünglicher Entwurf mit der den Ehrenhof fast ganz umschließenden Ehrenhalle; die Gedenkhalle hieß bei Munzer Weihesaal; der Festplatz sollte 10.000 Menschen aufnehmen können.

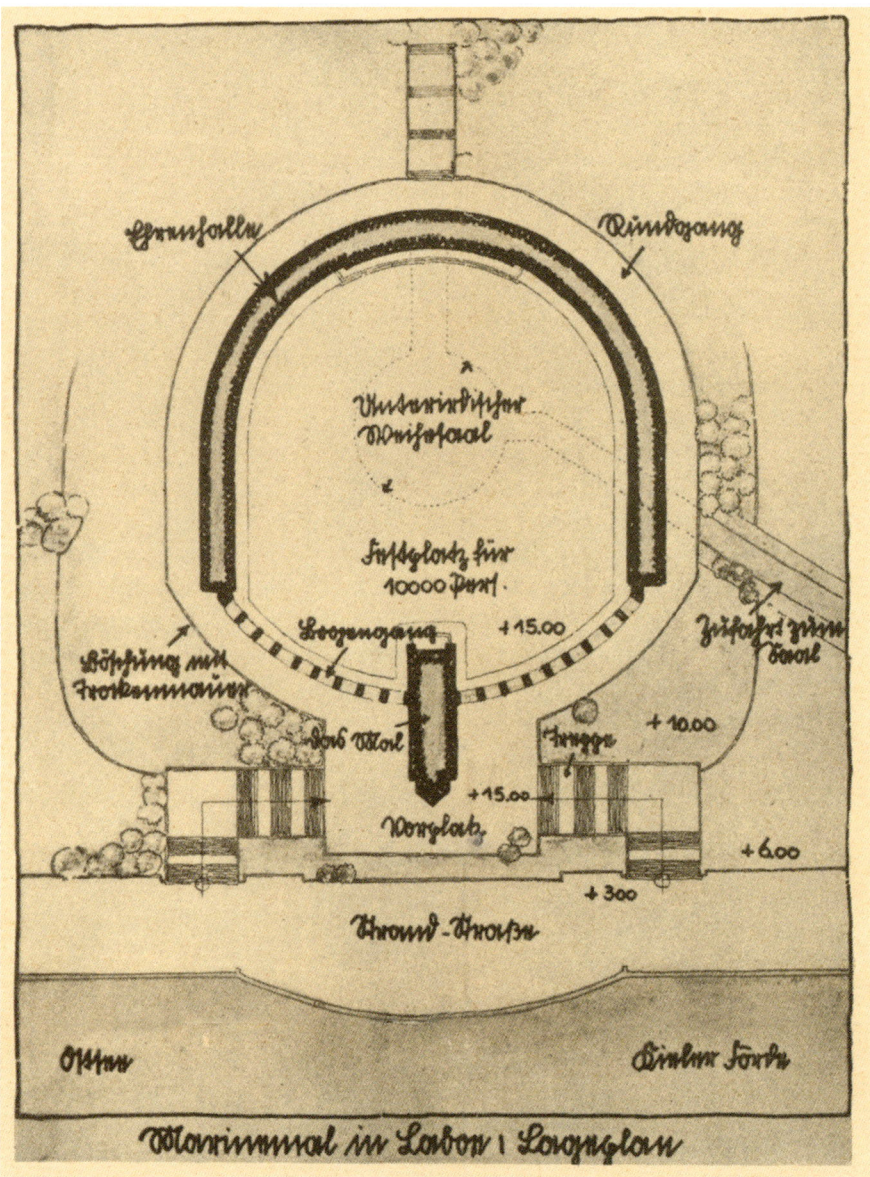

umschließende Halle kleiner ausfallen. Er wollte, so sagte Munzer später, *ein Bauwerk schaffen, mit der Erde und See fest verwurzelt und gen Himmel steigend wie eine Flamme, den Helden zum Andenken und den Glauben kräftigend an eine bessere Zukunft Deutschlands.*

Wenn also der Betrachter den Turm als Steven eines Kriegsschiffes, als Segel, als U-Bootturm oder auch als etwas ganz anderes versteht, dann entsprechen solche bildhaften Vorstellungen nur indirekt denen des Architekten: *Dabei soll es in dem Herzen des Seemannes Verwandtes berühren und sein eigen sein. Rotbraun ist das Material, Granit und Ziegelstein, eine Harmonie mit den Farben des Meeres und des Himmels.* Allenfalls die Idee einer aufstrebenden Flamme passt zum Marine-Ehrenmal. Völlig an der konzeptionellen Idee vorbei geht aber der Gedanke Hitlers, der Turm des Marine-Ehrenmals wäre ein verkehrt herumgestellter Schiffsbug.

Einige wichtige Abmessungen und Gewichte des Marine-Ehrenmals

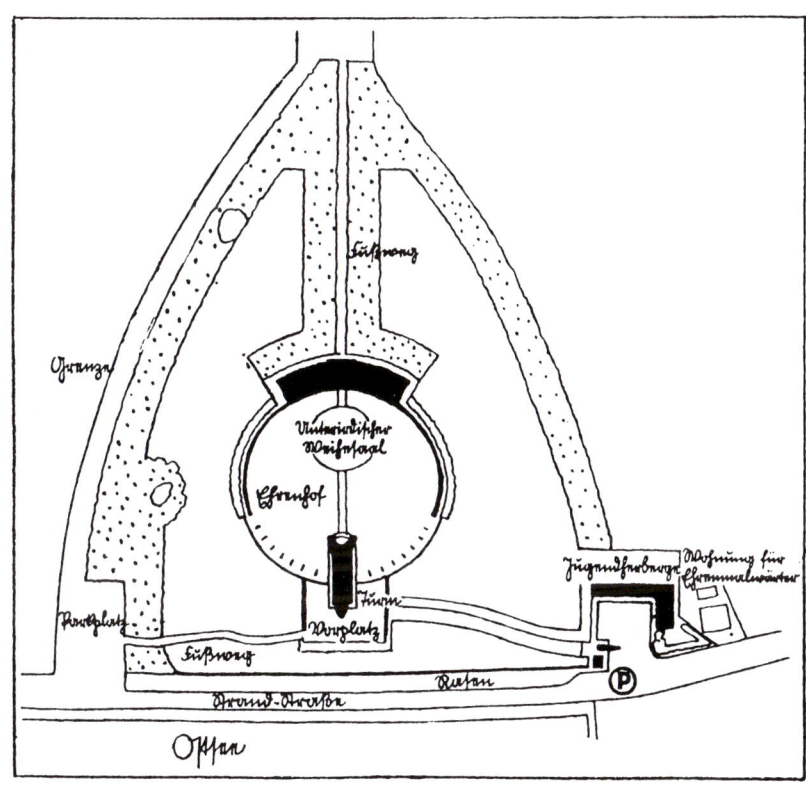

Höhe des Turmes:
a) über dem Meeresspiegel 85 m
b) über der Grundplatte 75 m
c) über dem Erdboden 67 m

Abmessungen der Grundplatte:
 Breite 18 m
 Länge 35 m
 Dicke 1—2 m
 Gewicht 900 t

Gesamtgewicht des Turmes
 mit Grundplatte etwa 6000 t

Obere Plattform:
 Länge 8,60 m
 Breite 4,00 m

Ehrenhalle:
 Länge 66,50 m
 Breite 11,50 m
 Höhe 5,00 m

Weihehalle:
 Durchmesser 27 m
 Höhe 6 m

Ehrenhof:
 Durchmesser 90 m

Der Lageplan und das Luftbild vom Marine-Ehrenmal machen die gegenüber dem Entwurf vorgenommenen Veränderungen deutlich. Am rechten Rand des Lageplans ist die Jugendherberge, das heutige „Scheerhaus", eingezeichnet.

Grundsteinlegung 1927

Am Montag, dem 8. August 1927 legte Admiral a. D. Reinhard Scheer, Flottenchef der kaiserlichen Hochseeflotte in der Skagerrak-Schlacht (1916) und Ehrenpräsident des Bundes Deutscher Marinevereine, den Grundstein für das Marine-Ehrenmal inmitten des mit Trümmern des ehemaligen Panzerturms übersäten Geländes. Dabei sprach er die Widmung:

„Für Deutsche Seemannsehr',
Für Deutschlands Schwimmend'Wehr,
Für Beider Wiederkehr".

Die Grundsteinlegung wurde zusammen mit dem „Marine-Bundestag"/Hamburg (5.–7. August 1927) in der Verbandszeitschrift angekündigt.

Rechte Seite oben: Admiral a. D. Reinhard Scheer – mit der Hand am Gürtel – bei der Grundsteinlegung.

Rechte Seite unten: Der 2. Vorsitzende des Bundes Deutscher Marine-Vereine, Marinestabs-Ingenieur a. D. Oskar Siebel, verliest die Urkunde, die in den Grundstein gemauert wurde.

Grundsteinlegung zum Marine-Ehrenmal
in Kiel-Laboe am Montag, den 8. August 1927

Zeiteinteilung

1. Abfahrt des Sonderzuges Hamburg – Kiel von Hamburg um 7³⁰. Erwartete Ankunft in Kiel um 9³⁰.
2. Empfang der Kameraden auf dem Hauptbahnhof.
3. Einschiffung am Bahnhofskai auf die bereitliegenden Dampfer.
   Es ist eine Karte zum Preise von 1 RM. zu lösen, die für Fahrt Kiel – Laboe, für eine mehrstündige Fahrt in See und zur Rückfahrt nach Kiel berechtigt.
4. Voraussichtliche Abfahrt des Dampfers um 10¹⁵, Eintreffen etwa um 11⁰⁰ in Laboe.
5. Marsch von der Anlegestelle nach dem Ehrenmal-Platz (alter Panzerturm Laboe) von 15 Minuten Dauer und Einnehmen der Plätze.
6. Anschließend, spätestens 12 Uhr Beginn der Grundsteinlegung. Voraussichtliche Dauer 1¼ Stunden.
7. Abmarsch. Die Teilnehmer werden gebeten, ihre Plätze nicht vor vollendetem Abmarsch der Verbände verlassen zu wollen.
8. Mittagessen nach Belieben in den verschiedenen Wirtschaften in Laboe.
9. 3 (15) Uhr Beginn der Fahrt in See. An Bord sind kalte Speisen und Getränke zu haben. Die Dampfer legen auf der Rückfahrt in Laboe an und fahren dann weiter bis zum Bahnhofskai in Kiel. Das Eintreffen wird so geregelt, daß die beiden Abendzüge noch erreicht werden können.
10. Für die noch bleibenden auswärtigen und die ansässigen Kameraden findet von 8 (20) Uhr an ein geselliges Zusammensein im Schloßhof in Kiel statt.

Es wird dringend gebeten, den Anordnungen der Festordner Folge zu leisten.

Der Ausschuß für die Grundsteinlegung

Admiral Scheer bei der Grundsteinlegung des Marine-Ehrenmal in Laboe

Auf dieser Tafel in der Marineschule Mürwik (Flensburg) heißt es (links): EXORIARE ALIQUIS NOSTRIS EX OSSIBUS ULTOR *(Aus unseren Knochen wird dereinst ein Rächer erstehen) sowie (rechts):* NICHT KLAGEN WIEDER WAGEN SEEFAHRT IST NOT.

Damit drückte Scheer die in Deutschland weit verbreitete Ansicht aus, Deutschland brauche eine entschieden größere Marine als sie der Versailler Vertrag (anfänglich war gar keine deutsche Marine vorgesehen!) erlaubte. Andere Redner äußerten sich ebenfalls in diesem Sinne. Wilhelm Lammertz griff dabei den seit 1923 in der Marineschule Mürwik (Flensburg) zu lesenden Spruch auf: *Aus unseren Knochen wird dereinst ein Rächer erstehen*, als er sagte: *Ihr habt dem deutschen Vaterland die Treue gehalten bis in den Tod. Wir halten Euch die Treue über Grab und Zeit hinaus, damit Euch einst die Rächer erstehen.* Die Hoffnung auf eine Marine in alter Vorkriegsgröße sowie auf Beseitigung des verhassten, unverstandenen Vertrages von Versailles („Schanddiktat von Versailles") bestimmte das Denken und Fühlen weiter Kreise der deutschen Bevölkerung jener Zeit.

So sollte das Marine-Ehrenmal in Laboe ursprünglich sowohl eine Gedenkstätte zu Ehren der Gefallenen, als auch ein Mahnmal der Rache sein. Dies sollte der heutige Besucher bedenken und die Wandlung des Ehrenmals zu einem Ort auch der Versöhnung über den Gräbern würdigen.

Deutschland darf in Dienst halten:		
6 Linienschiffe	bis zu 10 000 t	mit 20 Jahren Altersgrenze
6 Kleine Kreuzer	bis zu 6 000 t	mit 20 Jahren Altersgrenze
24 Zerstörer bzw. Torpedoboote	bis zu 800 t	mit 15 Jahren Altersgrenze
Die Höchstgrenze des Mannschaftsetats darf — einschließlich von 1500 Offizieren — 15 000 Köpfe nicht übersteigen.		

„Wer Geld hat für Schnaps und Zigaretten…"

Bevor mit dem Bau des Marine-Ehrenmals begonnen werden konnte, musste Geld gesammelt werden. Seit etwa 1925 befand sich Deutschland in einem gewissen wirtschaftlichen Aufschwung. Anfänglich flossen die Spenden nur zögerlich – ein halbes Jahr nach dem Beschluß waren erst 2.500 Reichsmark (ca. 25.000 EUR) eingezahlt. 7.500 RM benötigte man aber allein für die Bezahlung der Entwurfsarbeiten an die Wettbewerbsteilnehmer. Bundesleitung und Mitglieder gaben sich alle Mühe, die notwendigen Finanzmittel zusammenzubringen. Zu

Ein Flugblatt für die Sammelaktion

Die letzten Zeilen eines 74-zeiligen Gedichtes, mit dem für Ehrenmal-Spenden in der Verbandszeitschrift geworben wurde.

Die Bootsmannspfeife im Dienste des Marine-Ehrenmals

Die Pfeife „ehrt", wenn vorgeschrieben,
Und nicht nur etwa nach Belieben.
Sie ehrt auch des Seemanns „Letzte Fahrt"
In einer „weihevollen" Art.
Zu ihr hat in der ganzen Welt
Sich Ähnliches „noch nicht" gesellt.
Ich sage ihr am Schluß zum Lohne:
Die Bootsmannspfeife ist die „Krone"!! —
Wir alle hier und auch der Laie
Geben nunmehr ihr die Weihe.
Als Weiheakt im Bundesschiff
Ertönt der Allemannespfiff:
Gedenket Eurer Ehrenmalspflicht!
Vergeßt die großen Toten nicht!!

bedenken sind aber die vielen Sammlungen für verschiedene Denk- und Ehrenmale in dieser Zeit. Von Anfang an mahnte die Bundesleitung die Mitglieder nachdrücklich: *Kameraden! Jetzt heißt es handeln! Stellt alles Persönliche zurück. Denkt nur an die gefallenen Kameraden! 34 000 sind geblieben! Bringt ihnen das Opfer! Seid nicht lässig im Zahlen.* Oder: *Keine Vereinssitzung ohne Sammlung! Keine Vereinsvergnügen ohne dass nicht der Fechtmeister fürs Ehrenmal die Sammelbüchse herumgehen läßt!* Selbst ein Gedicht wurde als Werbemaßnahme verfasst, und die Bundesleitung gab die Parole aus: *Wer Geld hat für Schnaps und Zigaretten, der hat auch Geld fürs Ehrenmal.*

Glücklicherweise wurde mit dem Bau wenige Monate *vor* Ausbruch der Weltwirtschaftskrise (Bankenkrach im Oktober 1929) begonnen. Trotz erheblicher wirtschaftlicher Not brachten die Mitglieder der Marine-Vereine, die Angehörigen der Reichsmarine und weite Bevölkerungskreise durch Einzelspenden und reichsweite Straßensammlungen die notwendigen Mittel auf. Zum Zeitpunkt der Fertigstellung des Turmes (Mitte November 1929) waren erst knapp 200.000 RM, also etwa ein Drittel der veranschlagten Gesamtsumme (sie belief sich am

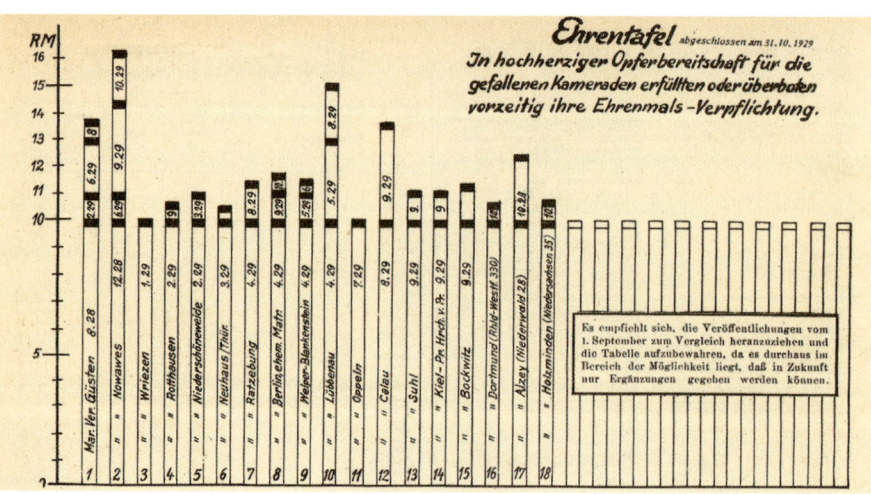

Solche „Ehrentafeln" gaben in der Verbandszeitschrift den Stand der eingegangenen Spenden wieder – und spornten zu weiteren Spenden an.

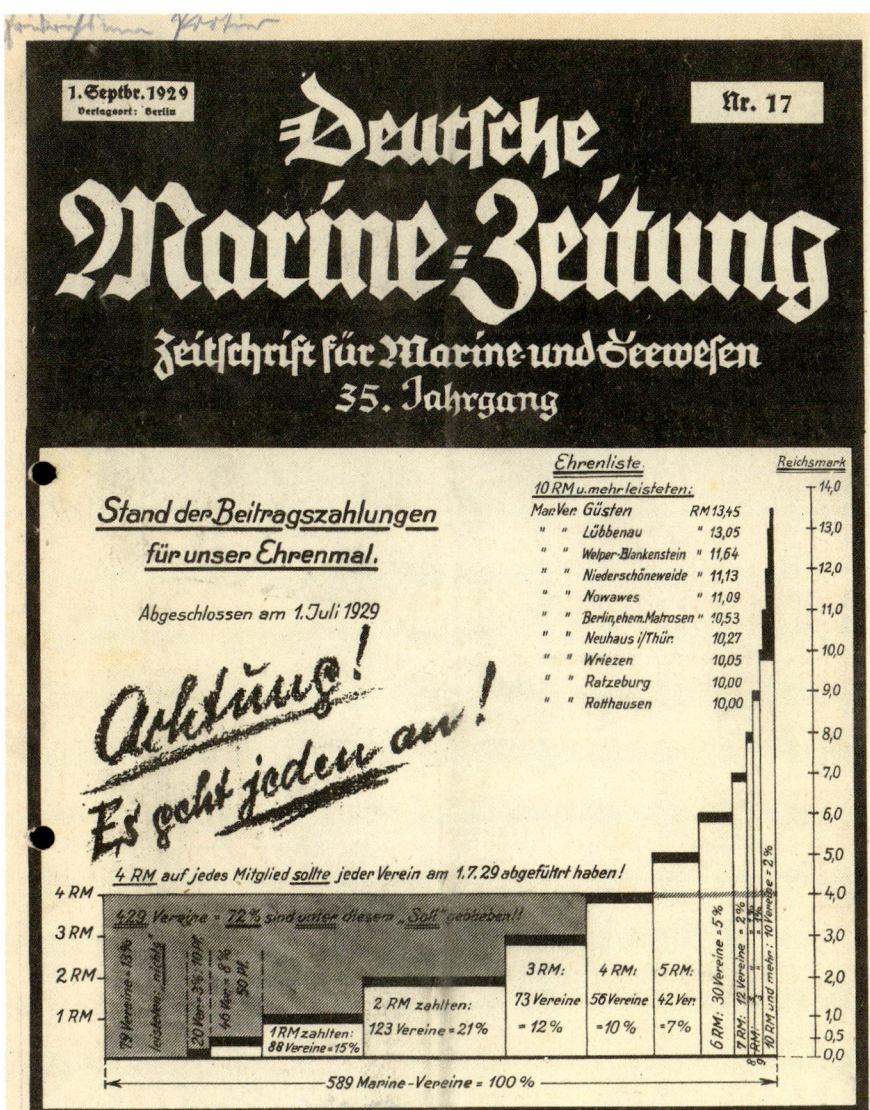

Bis zum Baubeginn im Sommer 1929 flossen die Spenden nur zögerlich.

Ende tatsächlich auf 800.000 RM) als Spenden eingegangen. Bis dahin hatten aber erst die Mitglieder von 19 Marinevereinen (von etwa 500) den erwarteten Spendenbeitrag von 10 RM geleistet. Ein Vierteljahr später (Ende April 1930) waren es schon 46 Marinevereine. Tatsächlich zahlten schließlich fast alle Mitglieder den erwarteten Spendenbeitrag von 10 Reichsmark (ca. 100 EUR).

Durch die Weltwirtschaftskrise wurde die Finanzierung des Baus zwar erschwert, die Fertigstellung der Gesamtanlage in den Jahren 1933 bis 1936 aber nicht verhindert. Der Tiefpunkt der Spendeneingänge wurde 1932 erreicht.

Die (ab Januar 1933) nationalsozialistisch dominierte Regierung gewährte einen Staatszuschuß, „Notstandsarbeit" und ein günstiges Darlehen; so konnten die Arbeiten 1933 fortgeführt werden. Dieses Darlehen hätte der zwischenzeitlich (1935) in NS-Deutscher Marinebund umbenannte Dachverband bis 1950 abzuzahlen gehabt, wäre er nicht 1945 als NS-nahe Organisation verboten worden. Reichsweite Straßensammlungen

Von jedem Mitglied wurden 10 Reichsmark (ca. 100 €) als Spende erwartet.

Der Turm des Marine-Ehrenmals mit der ADMIRAL SCHEER-Jugendherberge, die die wandernde Jugend zu längerem Aufenthalt in der Nähe des Marine-Ehrenmals einladen sollte. Heute ist dieses umgebaute Gebäude das Gästehaus des Sozialwerkes e.V. des Deutschen Marinebundes e.V.

allerdings erlaubte die Regierung ab Sommer 1934 nicht mehr. Bis zum 31. Juli 1934 waren 449.046 RM gesammelt worden; die Angehörigen der Reichsmarine steuerten 49.622 RM bei, Privatpersonen 77.458 RM und der Marine-Offizier-Verband 31.969 RM. Im Ehrenmal selbst waren innerhalb der dreieinhalb Jahre seit der Freigabe für die Öffentlichkeit (Januar 1930) 104.655 RM eingenommen worden.

Im Frühjahr 1935 waren zwar rund 600.000 RM an Spendengeldern zusammen gebracht worden, weil aber nach damaliger Rechnung noch immer 100.000 RM fehlten, wurde die Berechtigung zur Teilnahme an der Einweihungsfeier – im September 1935 für Ende Mai 1936 angekündigt - von der Einzahlung des vollen „Ehrenmalsbeitrages" abhängig gemacht. Dabei wurde zwischen den bis 1930 eingetretenen (10 RM) und später eingetretenen Marinebundsmitglieder (2 RM) unterschieden. Wenn alle zahlen würden, entsprächen die eingehenden etwa 69.000 RM dem noch fehlenden Betrag.

An staatlichen Mitteln flossen in den Bau einzig 50.000 RM der Stadt Kiel in der Erwartung einer tourismusförderlichen Attraktion. Die Verbindung zwischen Tourismus und Totengedenken erschien einigen Kieler Ratsmitgliedern allerdings unangebracht, weshalb sie gegen die finanzielle Beteiligung stimmten.

Nach dem Vorbild des Tannenberg-Denkmals wurde auch für das Umfeld des Marine-Ehrenmals eine Jugendherberge vorgesehen, deren Bau durch eine Lotterie finanziert werden sollte. Anfang 1935 konnte, nach Erreichen eines Reingewinns von 40.000 RM, damit begonnen werden. Heute ist dieses Gebäude das Gästehaus des Sozialwerkes des Deutschen Marinebundes e.V.. Hier verbringen jährlich etwa 420 Mitglieder einen 14tägigen Urlaub.

Turmbau zu Laboe 1929

Am 11. Juni 1929 begannen die Erdaushubarbeiten, einen Monat später die Fundamentarbeiten. Am 1. August konnte der eigentliche Turmbau zu Laboe beginnen – schon am 15. November 1929 wurde der Schlussstein gesetzt. Mit einer so kurzen Bauzeit hatte niemand gerechnet, und tatsächlich erreichte der Bau erst nach fast zweieinhalb Monaten die Erdoberfläche. Zuerst nämlich musste die Fundamentfläche in den Maßen 35 m x 18 m x 1-2 m Stärke erstellt werden, wofür etwa 15.000 Tonnen Eisen und Zement benötigt wurden. Erst ab Anfang

In der ersten Augustwoche 1929 wuchs der Turm aus dem Erdreich hervor und hatte schon am 19. September 1929 eine ansehnliche Höhe erreicht.

Die seeseitige Stützmauer

August wuchs der sichtbare Teil des Turmes täglich um etwa einen Meter: Die äußere Klinkermauer wurde in dieser Höhe aufgemauert und innen die Holzverschalung samt Eisenmonierung gefertigt. Nachts wurde der Beton gegossen, wobei eine neu konstruierte Betonpumpe mit einer Höhenleistung bis 30 m zum Einsatz kam. Durch senkrecht in die Mauer eingefügte Klinker wurden Klinkermauer und Betonschale miteinander verbunden. Noch Mitte August 1929 rechnete die Öffentlichkeit allein für den Turm mit einer Bauzeit von fast einem Jahr, denn nach etwa sieben Wochen Bauzeit hatte dieser erst eine Höhe von 15 m erreicht. Zwei Monate später (18. Oktober 1929) aber waren es schon 58 m (erste Plattform).

Der Überlieferung nach erfolgte der Turmbau in nur 101 Tagen. Diese Berechnung bezieht sich auf den Zeitraum 1. August bis 9. November 1929 – tatsächlich erreichte am 9. November 1929 jedoch nur das Baugerüst seine größte Höhe. Aber die Berechnung der Bauzeit auf diesen Tag hin war sicher kein Zufall, denn diesem Datum kommt wegen der Ausrufung der Weimarer Republik am 9. November 1918 eine besondere, nämlich negative Bedeutung zu. Vordergründig entsprach die Fertigstellung des Turmes im November nur der vertraglichen Verpflichtung, den Bau vor der Frostperiode zu beenden. Die Hervorhebung des 9. November 1929 kann aber auch als „Ausrufezeichen" gegen die „Schmach des Novembers 1918" verstanden werden, als symbolisch-manifeste Wiedergutmachung des (ausgerechnet!) von der Kaiserlichen Marine ausgelösten Endes des Kaiserreichs.

Die Revolution 1918

Schon im Herbst 1916 und wieder im Sommer 1917 kam es auf verschiedenen Linienschiffen der kaiserlichen Hochseeflotte zu Gehorsamsverweigerungen, Hungerstreiks und Demonstrationen (Ausmärschen). Dies war vor allem Ausdruck der Unzufriedenheit der Mannschaften mit der „erzwungenen Untätigkeit" statt der erwarteten Seeschlacht. Außerdem zeigten sich die Vorgesetzten völlig unvorbereitet auf die Herausforderungen der Menschenführung gerade in dieser Lage; sie kapselten sich gegenüber den Mannschaften und Unteroffizieren ab. Zusätzlich erkannten die Offiziere nicht die Brisanz der extrem beengten Unterbringung an Bord und der schlechten Verpflegungslage – vielmehr provozierten sie mit ihrer privat finanzierten Sonderpflegung sowie „Trinkgelagen" die Besatzungen geradezu. Allerdings kam es zu solchen Auswüchsen nur auf den großen Schiffen, wo sich die Verhältnisse auch deswegen verhärteten, weil erfahrene Offiziere, die einen besseren Zugang zu den Mannschaftsdienstgraden hatten, sich auf Untersee-, Torpedo- und Minensuchboote versetzen ließen und der jüngere Nachwuchs sich ungeschickt verhielt. Im August 1917 verhängte ein Kriegsgericht wegen vermeintlicher „kriegsverräterischer Aufstandserregung" fünf Todesurteile, von denen zwei (Albin Köbis, Max Reichpietsch) am 5. September 1917 in Köln vollstreckt wurden. Widersprüchlich bewertet wird bis heute der politische Einfluß insbesondere einiger USPD-Reichstagsabgeordneter.

Im weiteren Verlauf besserten sich die Verhältnisse nicht: Die Flotte war weiterhin in der Bereitschaftsroutine unterbeschäftigt, die Dienstplangestaltung einfallslos. Die Verpflegungslage blieb schlecht bzw. „unausgewogen", Mitsprachemöglichkeiten blieben den Mannschaften meist verwehrt; die Offiziere lernten nicht hinzu. Die kriegsmüden und verbitterten Besatzungen erfuhren im Herbst 1918, dass die Reichsregierung den Krieg beenden wollte. Zugleich gab es aber auch Gerüchte über einen „letzten Flottenvorstoß", den die Seeoffiziere zur vermeintlichen Wahrung ihrer Ehre anstrebten. Damit sahen sich die Besatzungen vor die Alternative gestellt: Tod in einem sinnlosen Endkampf - oder dessen Verhinderung.

Tatsächlich hatte die Marineführung (seit August war Admiral Reinhard Scheer Chef der neugeschaffenen Seekriegsleitung) einen Einsatzplan entworfen, über den sie die politische Führung nicht informierte: Man wollte durch einen Vorstoß in den Englischen Kanal zur Entlastung des Nordflügels der deutschen Westfront die Royal Navy zur Schlacht provozieren – durchaus in der Erwartung einer eigenen Niederlage. Diese aber sollte „geschichtswirksam" werden als Erinnerung an diesen Einsatz am Ende eines Krieges, in dem ein „feiger" Gegner sich der kaiserlichen Marine nur einmal gestellt und sie danach zur weitgehenden Untätigkeit gezwungen hatte.

Angesichts dieser „Gerüchtelage" rissen die Heizer der Großkampfschiffe Ende Oktober 1918 „die Feuer aus den Kesseln". Die Besatzungen der Kleinboote schlossen sich ihnen zwar nicht an, ließen sich von den Offizieren aber auch nicht gegen die Aufständischen einsetzen. Der Flottenvorstoß unterblieb. Das „aufrührerische" III. Geschwader verlegte in seinen Heimathafen Kiel, wodurch sich die Lage wider Erwarten nicht beruhigte. Vielmehr verbreitete sich der Unruhefunken und löste im ganzen Reich eine Revolution aus.

Erstaunlicherweise widmete die verbandseigene Deutsche Marine-Zeitung der Fertigstellung keine Aufmerksamkeit, sondern berichtete nur von der Bauabnahme am 3. Januar 1930. Am 5. Dezember 1929 war mit dem Abbau des Gerüstes begonnen werden, sodass der Turm ab dem 11. Januar 1930 völlig frei stand.

Am 9. November 1929 erreichte das Baugerüst seine größte Höhe. Erstmals wieder 1997 war der Turm vollständig eingerüstet.

Erst 1997 sollte der Turm wieder voll eingerüstet sein, um die bis dahin durch Wind und Wetter (Regen, Hagel, Schnee und Frost) verursachten Schäden zu beseitigen.

Nach der Bauabnahme und Abbau des Gerüstes wurde der Turm Mitte Januar 1930 für die Öffentlichkeit frei gegeben. Er konnte – gegen Bezahlung - über das Treppenhaus (341 Stufen) bestiegen werden, ab September 1930 war auch ein Aufzug benutzbar. Das Benutzerentgelt ging so lange an die Herstellerfirma, bis deren Vorschuss für den Aufzugbau abgegolten war. Den zweiten Aufzug gibt es seit 1934. Schon während der Bauphase warben Laboer Kurhaus und Strandhalle mit dem Ehrenmal.

Eine Anzeige aus den Kieler Neuesten Nachrichten vom 3. November 1929.

Deutsche Marine-Zeitung

15. Januar 1930
Verlagsort: Berlin

Nr. 2

Der erste große Schritt

Die Abnahme unseres Ehrenmals erfolgte am 3. Januar von der vom Denkmalsausschuß
gewählten Baukommission. Siehe Artikel Seite 3

Daten zum Bau des Turmes

11. Juni 1929	Beginn der Fundamentarbeiten
10. Juli	Verlegung der Fundamentbewehrung
1. August	Aufstellung der Unterbau-Schalung
19. September	Turmhöhe 15 m
18. Oktober	Turmhöhe 58 m (erste Plattform)
9. November	größte Höhe des Gerüstes erreicht
15. November	Schlusssteinlegung
5. Dezember	Beginn des Gerüstabbaus
3. Januar 1930	Bauabnahme
11. Januar 1930	der Turm steht frei

Die Bugzier von SMS POMMERN empfängt seit Freigabe des Turmes für die Öffentlichkeit die Besucher in der Eingangshalle. Dieses Linienschiff ging mit seiner gesamten Besatzung von 839 Mann in der Skagerrak-Schlacht (31. Mai/1. Juni 1916) unter – daran erinnert die damals an Land verbliebene Bugzier.

Linienschiff POMMERN

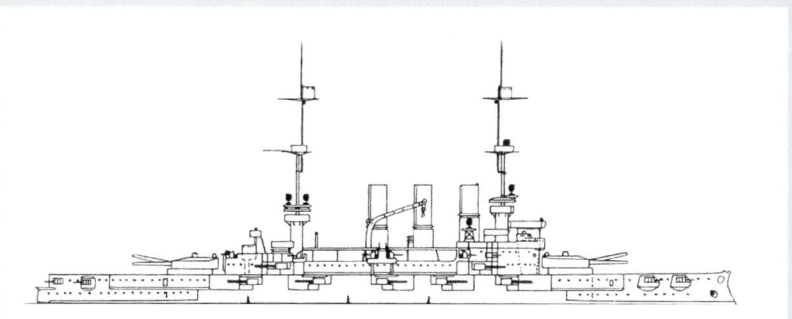

Die Eingangshalle mit der Bugzier des Linienschiffes SMS POMMERN.

SMS POMMERN gehörte zu den letzten Schiffen der Kaiserlichen Marine des Vor-Dreadnought-Zeitalters – die nächste Schiffsklasse bestand aus Großkampfschiffen vom Typ NASSAU und war mit 20.535 ts. und zwölf 28 cm-Geschützen wesentlich größer und stärker bewaffnet. POMMERN lief am 2. Dezember 1905 vom Stapel. Bei einer Verdrängung von 14.218 ts (Länge 128 m, Breite 22 m, Tiefgang 8,20 m) hatte es eine Bewaffnung von vier 28 cm-Geschützen in zwei Türmen, vierzehn 17 cm-Geschützen sowie zwanzig 8,8 cm-Geschützen und sechs Torpedorohren. An der Skagerrak-Schlacht (31. Mai/1. Juni 1916) nahm POMMERN im II. Geschwader teil. Während der Nachtgefechte erhielt das Schiff am frühen Morgen des 1. Juni Torpedotreffer und versank nach heftigen Detonationen mit der gesamten Besatzung von etwa 839 Mann (darunter 18 Seeoffizieranwärter der Einstellungsjahrgänge 1915/16). Die im Krieg an Land verbliebene Bugzier erinnert seit Bestehen des Marine-Ehrenmals in Laboe an diese Toten.

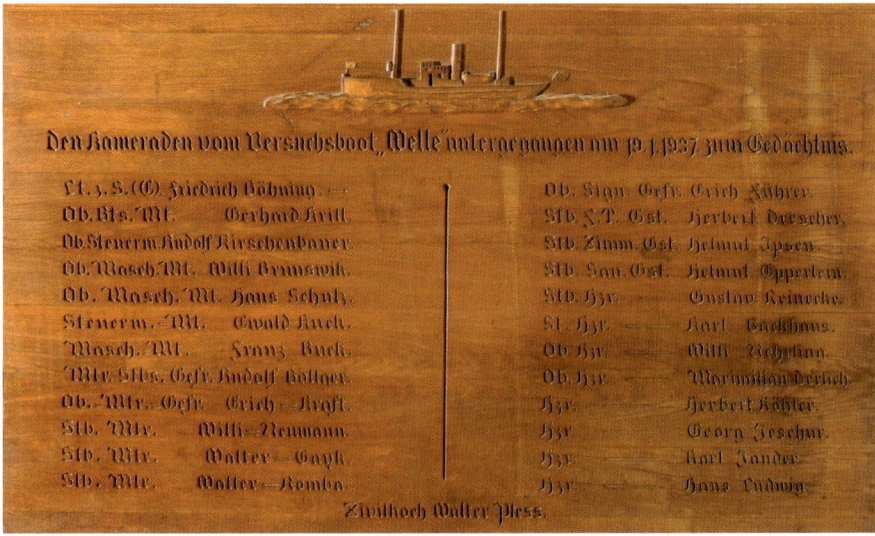

Die Gedenktafel für das Versuchsboot WELLE im 2. Stockwerk des Turmes.

Sehr bald nach der Einweihung 1936 war auch der 25 Toten eines Schiffsunglückes im Frieden, nämlich des Versuchsbootes WELLE, zu gedenken: Eine hölzerne Gedenktafel mit den Namen aller Toten erinnert an den Untergang am 18. Januar 1937 – beim Versuch einen Segelschoner und einen Schlepper zu bergen. Hierbei handelt es sich um einen Beleg dafür, dass auch der Friedenstoten schon immer im Marine-Ehrenmal in Laboe gedacht wurde. Nach dem Zweiten Weltkrieg wurde im U-Bootraum die Schiffsglocke von U-HAI zur Erinnerung an die 19 Toten, die am 14. September 1966 im Friedensdienst zu beklagen waren, eingebracht. Eine Tafel in der Gedenkhalle erinnert seit 1999 an die sieben Toten des Torpedoschnellbootes der Volksmarine WILLI BÄNSCH vom August 1968.

Eine Replik der Schiffsglocke des Unterseebootes HAI – die Originalglocke wurde 1976 gestohlen.

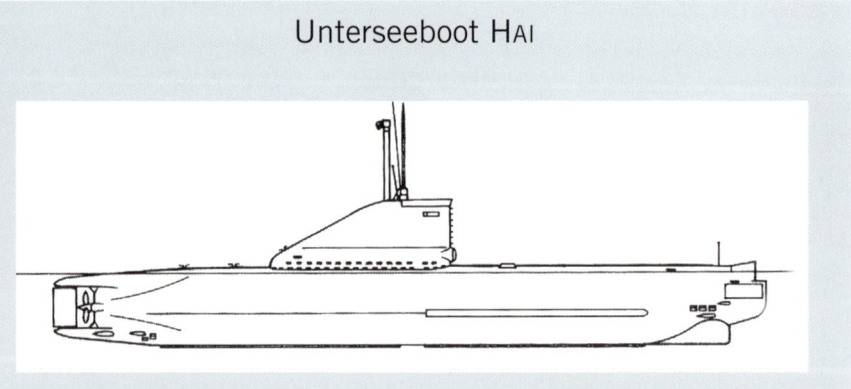

Das Unterseeboot HAI lief im Januar 1945 als U 2365 der Kriegsmarine (Küsten-U-Boot Typ XXIII, 280 ts, Länge 34,5 m) vom Stapel und sank nach Bombentreffer am 8. Mai 1945 im Kattegat mit der gesamten Besatzung - 19 Tote. Elf Jahre später wurde es gehoben, gründlich überholt und als U HAI (NATO-Kennung S 170) für die Marine der Bundesrepublik Deutschland (Bundesmarine) am 15. August 1957 in Dienst gestellt. Während einer Nordseequerung sank das Boot am 14. September 1966; dabei fanden 19 Mann den Tod, nur ein Besatzungsmitglied überlebte.

Torpedoschnellboot Willi Bänsch

Das Torpedoschnellboot der Volksmarine WILLI BÄNSCH, benannt nach einem Widerstandskämpfer gegen das NS-Regime, (65 ts, Länge 25,4 m, Breite, 6,24 m, Tiefgang 1,24 m) wurde am 8. Oktober 1957 in Dienst gestellt. Dieser sowjetische Bootstyp war mit vier 25 mm-Geschützen und zwei Torpedorohren bewaffnet; die Höchstgeschwindigkeit betrug 45 kn. Die Volksmarine verfügte über 27 Boote dieses Typs. Infolge einer nächtlichen Kollision im dichten Nebel mit einer schwedischen Fähre am 31. August 1968 sank das Boot; sieben der 14 Besatzungsangehörige fanden den Tod. Die Volksmarine setzte den Opfern 1973 einen Gedenkstein im Stützpunkt Dranske/Rügen; er steht jetzt auf dem Friedhof von Dranske.

Die Gedenktafel im Marine-Ehrenmal in Laboe wurde auf Initiative des Vaters eines der Opfer am Volkstrauertag 1999 in der Gedenkhalle enthüllt.

Die Gedenktafel für die Opfer des Unterganges des Torpedoschnellbootes der Volksmarine WILLI BÄNSCH kam 1999 auf Anregung des Vaters eines der Toten in die Gedenkhalle.

Der Gedenkstein steht auf dem Friedhof von Dranske (Insel Rügen).

Ebenfalls schon in der Zwischenkriegszeit wurde die hölzerne *Ehrentafel des 4. Matrosenregiments für die im Kampf für das Vaterland [1914-1918] … auf den Schlachtfeldern Flanderns 3.791 Gefallenen* im Turm angebracht. Weitere Gedenktafeln fanden nach dem Zweiten Weltkrieg ihren Platz im Ehrenmal, in der Eingangshalle oder in den verschiedenen Stockwerken des Turmes:

- Am 13. Dezember 1954 für die 38 Toten des Panzerschiffes Admiral Graf Spee, gefallen im Gefecht am 13. Dezember 1939.
- Im Mai 1980 für das Schlachtschiff Scharnhorst, gesunken mit ca. 1.940 Mann am 26. Dezember 1943.
- Am 31. Mai 1983 für das Panzerschiff (Schwerer Kreuzer) Admiral Scheer.
- Am 11. September 1983 eine Tafel der Bordgemeinschaft ehemaliger Hipper-Fahrer, auf der es heißt: *Zum Gedenken unserer Toten und der gefallenen Seeleute der damaligen Gegner.* Außerdem sind hier die wichtigsten Daten der Dienstzeit des Schiffes aufgeführt.
- Seit 1985 erinnert eine weitere Gedenktafel an die Gefallenen der Schnellboot-Waffe im Zweiten Weltkrieg.
- Erst seit dem 27. Mai 1994 gibt es eine Gedenktafel für das Schlachtschiff Bismarck, gesunken mit ca. 2.000 Mann am 27. Mai 1941.
- Seit dem 50. Jahrestag (9. April 1990) für den Schweren Kreuzer Blücher, für die Toten der zehn bei der Besetzung Narviks/Norwegen (1940) untergegangen Zerstörer.
- 1995 brachte die „Gemeinschaft der Crew 45" (1945 in die Marine eingetretener Offizierjahrgang) für ihre Kameraden der Geburtsjahrgänge 1927/28 eine Gedenktafel ein.

Alle diese Tafeln, bis auf die hölzernen, wurden 1996 in der Gedenkhalle versammelt.

Die EHRENTAFEL des 4. Matrosenregiments der II. Marinedivision des Marinekorps gilt diesen im Ersten Weltkrieg gefallenen Seesoldaten. Das „Seesoldaten-Denkmal" befindet sich in Kiel am „Hindenburgufer".

Panzerschiff ADMIRAL GRAF SPEE

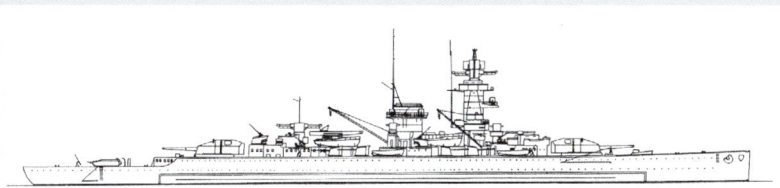

Das Panzerschiff ADMIRAL GRAF SPEE (benannt nach dem Befehlshaber des Kreuzergeschwaders im Ersten Weltkrieg, Vizeadmiral Maximilian Reichsgraf v. Spee, geb. 22.06.1861, gest. 08.12.1914) gehörte zur DEUTSCHLAND-Klasse, den sog. „Westentaschenschlachtschiffen". Diese Ersatzbauten für die veralteten Linienschiffe der Reichsmarine sollten mit 28 Knoten Geschwindigkeit schneller als die stärkeren generischen Einheiten sein, und mit sechs 28 cm-Geschützen stärker als die schnelleren. Schiffbauliche Besonderheiten waren das Schweißverfahren sowie der Dieselantrieb, der einen großen Fahrbereich ermöglichte. ADMIRAL GRAF SPEE lief kurz vor Beginn des Zweiten Weltkrieges in das vorgesehene Einsatzgebiet Südatlantik aus. Hier griff das Schiff ab Mitte September 1939 gegnerische Handelsschiffe an und versenkte neun Schiffe mit etwa 50.000 BRT. Vor der Rio-de-la-Plata-Mündung wollte der Kommandant, Kapitän zur See Hans Langsdorff, weitere Erfolge erzielen und dann den geplanten Rückmarsch nach Deutschland antreten. Am 13. Dezember 1939 traf das Panzerschiff jedoch auf drei britische Kreuzer. Im Gefecht fanden 36 deutsche und 72 britische Soldaten den Tod. Zur Reparatur von Gefechtsschäden lief ADMIRAL GRAF SPEE Montevideo an. Unter britischem Druck verweigerte Uruguay jedoch einen Aufenthalt in der notwendigen Dauer. In der (fälschlichen) Annahme, in See auf überlegene britische Seestreitkräfte zu stoßen, denen das beschädigte Schiff nicht erfolgreich hätte Stand halten können, entschloss sich der Kommandant zur Selbstversenkung des Schiffes. Die Besatzung ging ohne Verluste in argentinische Internierung; Kapitän zur See Langsdorff suchte in Buenos Aires den Freitod.

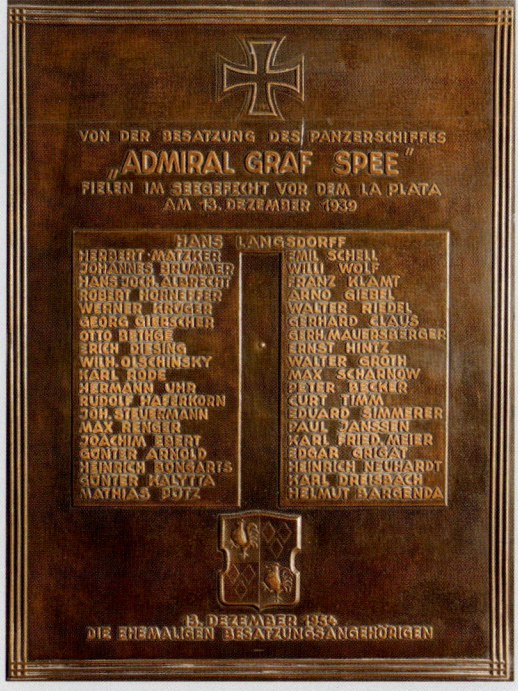

Auf dieser seit 1954 im Marine-Ehrenmal befindlichen Gedenktafel für die Toten des Panzerschiffes ADMIRAL GRAF SPEE ist auch der Kommandant verzeichnet; dieser aber fiel nicht im Gefecht, sondern wählte den Freitod.

Schlachtschiff Scharnhorst

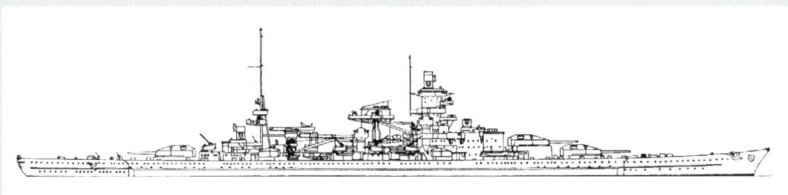

Das Schlachtschiff/Schlachtkreuzer Scharnhorst (benannt nach Gerhard J. D. v. Scharnhorst, 1755–1813, preußischer General und Reformer) war zusammen mit Gneisenau der erste Großkampfschiffneubau der Reichsmarine im „Dritten Reich". Mit 38.900 ts (Länge 235 m, Breite 30 m, Tiefgang 9,90 m) sowie neun 28 cm-Geschützen in Drillingstürmen wurde die vom Versailler Vertrag vorgegebene Wasserverdrängung zwar überschritten, durch den deutsch-britische Flottenvertrag aber quasi sanktioniert.

Zusammen mit Gneisenau unternahm Scharnhorst in den ersten Kriegsjahren Vorstöße in Nordsee und Atlantik und wirkte bei der Besetzung Norwegens (April 1940) als Fernsicherung. Nach einer zweimonatigen Operation (22. Januar bis 22. März 1941) im Nordatlantik gegen Handelsschiffe liefen die beiden Schlachtschiffe Brest im besetzten Frankreich an. Hier waren sie und der Schwere Kreuzer Prinz Eugen heftigen britischen Luftangriffen ausgesetzt; daher wurden die Schiffe auf Befehl Hitlers im Februar 1942 nach Deutschland zurückgezogen. Obwohl dafür der gefährliche Weg durch den Englischen Kanal – also unter den Augen und Kanonen des Gegners - gewählt wurde, erhielten die Schiffe hier keine Artillerie- bzw. Torpedotreffer (wohl aber später Minentreffer). Die Führung der Kriegsmarine wertete den „Kanaldurchbruch" als Erfolg; gleichwohl war er ein Rückzug und Ausdruck einer strategischen Niederlage. Scharnhorst wurde nach Norwegen verlegt – zur Sicherung dieser strategischen Position und gleichzeitig als Bedrohung für alliierte Russland-Konvois. Entgegen der Erkenntnis, dass in den dunklen Wintermonaten keine Erfolgsaussichten bestanden, befahl Großadmiral Karl Dönitz den Angriff auf einen Konvoi. Dabei stieß Scharnhorst am 26. Dezember 1943 auf überlegene britische Seestreitkräfte. Deren radargelenktem Geschützfeuer auf große Distanz fiel Scharnhorst zum Opfer. 1.932 Mann starben, nur 36 konnten gerettet werden.

Die nur 37 Überlebenden des Unterganges der SCHARNHORST und frühere Besatzungsmitglieder widmeten ihren verstorbenen Kameraden diese Gedenktafel.

Panzerschiff ADMIRAL SCHEER

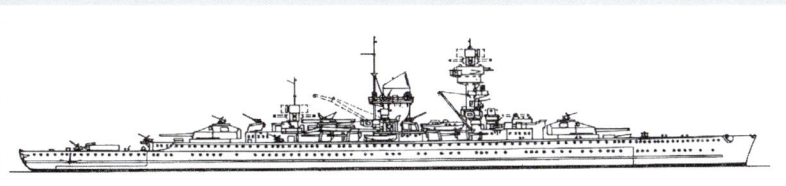

Das Panzerschiff ADMIRAL SCHEER (benannt nach dem Befehlshaber der kaiserlichen Hochseeflotte in der Skagerrak-Schlacht, Vizeadmiral Reinhard Scheer, geb. 30.09.1863, gest. 26.11.1928) war das zweite der sog. „Westentaschenschlachtschiffe". Zusammen mit dem Typ-Schiff DEUTSCHLAND (umbenannt in LÜTZOW) wurde SCHEER ab Februar 1940 als „Schwerer Kreuzer" geführt. Wie die beiden anderen Panzerschiffe nahm SCHEER an den internationalen Überwachungseinsätzen im Rahmen des Spanischen Bürgerkrieges (1936/38) teil. Als Vergeltung für einen Bombenangriff auf DEUTSCHLAND am 29. Mai 1937 beschoss SCHEER am 31. Mai 1937 (Skagerraktag) Almeria. Von allen schweren Einheiten der Kriegsmarine hatte SCHEER (das „glückhafte Schiff") die meisten und zugleich längsten Einsätze, so z. B. vom 23. Oktober 1940 bis zum 1. April 1941 im Nord- und Südatlantik sowie im Indischen Ozean. Dabei wurden 16 Handelsschiffe (113.233 BRT) versenkt.

In den letzten sechs Monaten des Zweiten Weltkrieges beteiligte sich SCHEER an den Kämpfen gegen die nach Westen vorrückenden sowjetischen Armeen sowie an der Rettung der Flüchtlinge und Soldaten aus den deutschen Ostgebieten nach Westen.

In der Nacht vom 9. auf den 10. April 1945 lag das Schiff im Kieler Hafen; dort kenterte es nach mehreren schweren Bombenexplosionen neben der Bordwand. Das Wrack liegt unter dem Parkplatz des Kieler Arsenalbetriebes.

Das glückhafte Schiff ADMIRAL SCHEER hatte erst in der Endphase des Zweiten Weltkrieges Opfer zu beklagen.

Die Schiffsglocke des Schweren Kreuzers ADMIRAL HIPPER gelangte 1982, also 37 Jahre nach dem Kriegsende 1945, nach Kiel zurück und befindet sich seit dem 11. September 1983 im Marine-Ehrenmal.

Schwerer Kreuzer ADMIRAL HIPPER

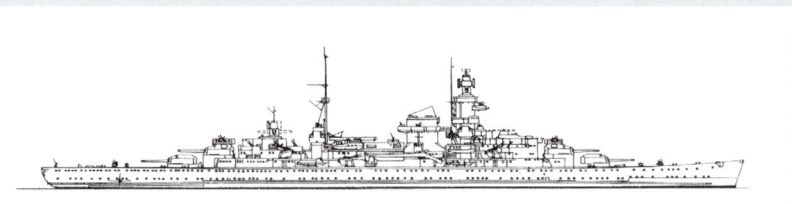

ADMIRAL HIPPER (benannt nach dem Befehlshaber der Schlachtkreuzer in der Skagerrak-Schlacht, Vizeadmiral Franz v. Hipper, geb. 13.09.1863, gest. 25.05.1932) war wie PRINZ EUGEN und BLÜCHER ein „Schwerer Kreuzer". Das Schiff wurde 1935-1939 bei Blohm & Voss in Hamburg gebaut, lief am 6. Februar 1937 vom Stapel und wurde am 29. April 1939 in Dienst gestellt. Die Bewaffnung des 18.200 ts großen Schiffes (Länge 203 m, Breite 21 m, Tiefgang 7,74 m) bestand aus vier Zwillingstürmen Kaliber 20,3 cm, 12 Flugabwehrkanonen (Doppellafette) Kaliber 10,5 cm, zahlreichen kleineren Flugabwehrkanonen, 12 Torpedorohren und drei Bordflugzeugen. Als Besatzung waren max. 1.599 Mann an Bord.

Das Schiff nahm im Zweiten Weltkrieg mit anderen Einheiten an verschiedenen Einsätzen teil, so bei der Besetzung Norwegens in der Gruppe 2 beim Angriff auf Trondheim, mit GNEISENAU und SCHARNHORST im Juni 1940 gegen britische Einheiten in Nordnorwegen. ADMIRAL HIPPER operierte auch alleine im Nordatlantik (Dezember 1940; Februar 1941) gegen Handelsschiffe, wobei sich aber zeigte, dass die Maschinenanlage für weitreichende Einsätze nicht geeignet war. Im Sommer 1942 griff das Schiff zusammen mit anderen Einheiten am Nordkap zwischen Norwegen und Spitzbergen den britischen Konvoi PQ 17 an. Diesen löste die britische Seekriegsleitung wegen der erkannten Bedrohung auf– und die nun allein fahrenden Handelsschiffe fielen deutschen Flugzeugen und U-Booten zum Opfer. Bei einem Angriff auf einen Russland-Konvoi am 31. Dezember 1942 erhielt ADMIRAL HIPPER einen schweren Treffer in die Maschinenanlage; das Unternehmen schlug letztlich fehl. In der Folge ersetzte Adolf Hitler Großadmiral Erich Raeder durch Großadmiral Karl Dönitz als Oberbefehlshaber der Kriegsmarine. ADMIRAL HIPPER, die Kleinen Kreuzer LEIPZIG und KÖLN stellten außer Dienst, ebenso die alten Linien- und Schulschiffe SCHLESWIG-HOLSTEIN und SCHLESIEN.

Im März 1944 stellte ADMIRAL HIPPER mit weiterhin beschädigtem Maschinenraum als Ausbildungsschiff wieder in Dienst und beteiligte sich 1944/45 an der „Rettung über die Ostsee". Mit fast 1.600 Flüchtlingen an Bord entschied sich der Kommandant am 30. Januar 1945 gegen eine Beteiligung an der Rettung der WILHELM GUSTLOFF-Schiffbrüchigen. Am 3. April 1945 erhielt ADMIRAL HIPPER bei einem Luftangriff auf Kiel einen Volltreffer, wurde in der Nacht zum 10. April erneut schwer getroffen und von der eigenen Besatzung am 3. Mai 1945 im Dock der Deutschen Werke gesprengt.

Schnellboote

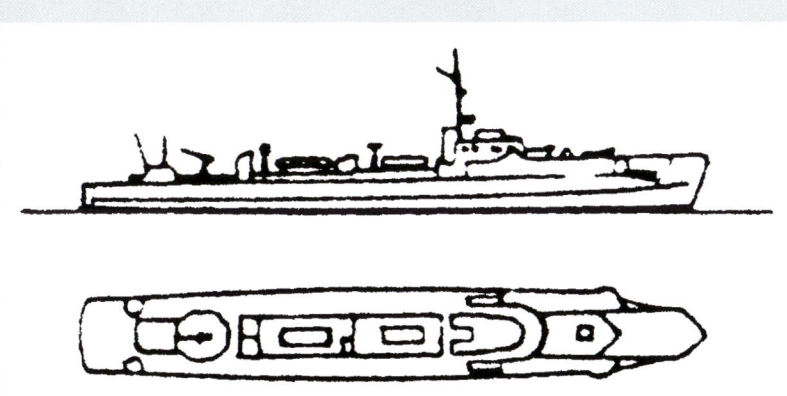

Die Schnellboote der Kriegsmarine im Zweiten Weltkrieg waren etwa 110 ts groß (Länge etwa 35 m, Breite 5,10 m, Tiefgang 1,70 m) und mit zwei Torpedorohren sowie unterschiedlich vielen Flugabwehrgeschützen bewaffnet; der Dieselantrieb entwickelte bis zu 6.000 PS. Die Besatzung betrug etwa 30 Mann. Es gab 15 Schnellboots-Flottillen, drei Schulflottillen und sieben Begleitschiffe. Einsatzgebiete der etwa 250 Schnellboote waren „zwischen Kanal und Kaukasus" alle Küsten Nord- und West-, Süd- und Südosteuropas. Es starben im Mittelmeer, im Schwarzen Meer, in der Ostsee und im Englischen Kanal 831 Mann.

Die Besatzungen der einzelnen Schnellboote bilden Bordgemeinschaften und diese gemeinsam die „Kameradschaft der Schnellbootfahrer".

Die Eingangshalle bis zur Umgestaltung 1996.

Schlachtschiff Bismarck

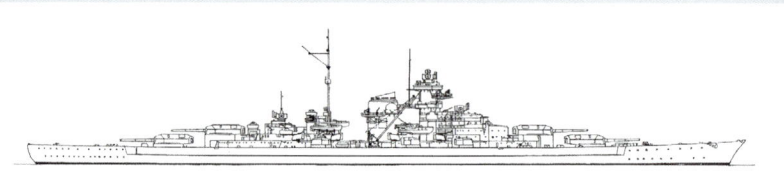

Das Schlachtschiff BISMARCK (benannt nach Otto v. Bismarck, Reichskanzler, geb. 01.04.1815, gest. 30.07.1898) wird zwar in der Literatur gern als „stärkstes und größtes Schlachtschiff der Welt" (50.900 ts) bezeichnet, tatsächlich aber war TIRPITZ (52.600 ts) etwas größer und mit acht 38 cm-Geschützen in Zwillingstürmen gleich stark bewaffnet; allerdings betrug die Panzerung fast die Hälfte des (leeren) Schiffsgewichtes; einige US-amerikanische und japanische Schlachtschiffe waren teilweise größer bzw. stärker bewaffnet.

BISMARCK sollte mit PRINZ EUGEN möglichst bald nach einem Einsatz von SCHARNHORST und GNEISENAU im Nordatlantik mit diesen zusammen noch in den dunkleren ersten Monaten des Jahres 1941 gegen die gegnerischen atlantischen Seeverbindungen zum Einsatz kommen. Aus verschiedenen Gründen verzögerte sich das Auslaufen bis zum 19. Mai 1941. Allen Geheimhaltungsmaßnahmen zum Trotz wurden BISMARCK und PRINZ EUGEN in Norwegen während eines Tankaufenthaltes erfasst; eine Einheit der alarmierten britische Flotte fand die Schiffe in der Dänemarkstraße zwischen Island und Grönland, hielt (erstmals!) mit Radar Kontakt zu ihnen und führte die britischen Großkampfschiffe HOOD und PRINCE OF WALES heran. So kam es am 24. Mai 1941 zu einem kurzen Gefecht, bei dem auf HOOD eine Munitionskammer getroffen wurde, sodass dieses Schiff explodierte und 1.416 Mann starben. Nur drei Besatzungsmitglieder überlebten.

BISMARCK und PRINZ EUGEN marschierten weiter in den Atlantik, BISMARCK allerdings mit dem Ziel Brest, um Reparaturen ausführen zu lassen, während PRINZ EUGEN alleine Handelskrieg führen sollte. Unter Aufbietung aller nur irgendwie und auch von weit her verfügbaren Seestreitkräfte suchte die britische Marineführung nach BISMARCK, fand sie auch, verlor sie wieder, stellte das deutsche Schlachtschiff letztlich aber (mit US-amerikanischer Hilfe) doch etwa 750 sm von der französischen Küste entfernt. Auf äußerster Einsatzreichweite erzielte ein britisches Trägerflugzeug einen Torpedotreffer in der Ruderanlage. Steuerungsunfähig und völlig auf sich gestellt erlag BISMARCK dem Artilleriefeuer britischer Kreuzer und Schlachtschiffe. Weitgehend zerstört, sank das Schiff infolge von Selbstversenkungsmaßnahmen der eigenen Besatzung, von der 1.977 Mann (einschl. Flottenstab) zu Tode kamen und nur 115 gerettet werden konnten.

Die nur 115 Überlebenden des BISMARCK-Unterganges widmeten ihren verstorbenen Kameraden diese Gedenktafel.

Schwerer Kreuzer Blücher

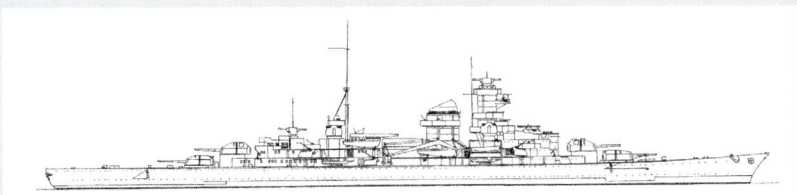

BLÜCHER (benannt nach Gebhard Leberecht Blücher v. Wahlstatt, preußischer Generalfeldmarschall, 1742–1819) gehörte ebenfalls zu den Schweren Kreuzern. Das Schiff wurde 1936-1939 bei den Deutschen Werken in Kiel gebaut, lief am 6. Juni 1937 vom Stapel und stellte am 20. September 1939 in Dienst. Die Bewaffnung des 18.200 ts großen Schiffes (Länge 206 m, Breite 21 m, Tiefgang 7,74 m) bestand aus vier Zwillingstürmen Kaliber 20,3 cm, 12 Flugabwehrkanonen (Doppellafette) Kaliber 10,5 cm, zahlreichen kleineren Flugabwehrkanonen, 12 Torpedorohren und drei Bordflugzeugen. Als Besatzung waren max. 1.600 Mann an Bord. BLÜCHER war während der Besetzung Norwegens (9. April 1940) Spitzenschiff der Gruppe 5, die Oslo besetzen sollte. Beim Passieren der Dröbak-Enge an der schmalsten Stelle des Oslo-Fjordes lief das Schiff nur langsame Fahrt, obwohl die dortige Artillerie-Festung bekannt war. BLÜCHER geriet unter Artilleriefeuer und erhielt zwei Torpedotreffer, geriet daraufhin in Brand, kenterte und sank nach einer Explosion mit schweren Personalverlusten (genaue Zahlen unbekannt).

Auch 50 Jahre nach dem Untergang der BLÜCHER lebt die Erinnerung an die ungezählten Toten.

Narvik, April 1940

Am 9. April 1940 überfiel die Wehrmacht des Deutschen Reiches Norwegen und Dänemark. Mit der Besetzung dieser beiden Staaten wollte das Reich die Erzzufuhren aus Schweden (über Narvik) sicherstellen und norwegische Ausgangsbasen für den atlantischen Seekrieg nutzen. Großbritannien und Frankreich wollten zunächst über Nordnorwegen das von der Sowjetunion überfallene Finnland unterstützen und zugleich eine befürchtete Landung deutscher Truppen verhindern.

Zur Gruppe I der Kriegsmarine, die Narvik besetzen sollte, gehörten zehn Zerstörer, auf denen 2.000 Gebirgsjäger eingeschifft waren; die Fernsicherung bestand aus zwei Schlachtschiffen. Der deutsche Zerstörerverband versenkte am 9. April 1940 zwei norwegische Küstenpanzerschiffe, verlor aber bereits am 10. April bei einem überraschenden britischen Zerstörerangriff zwei Zerstörer; vier wurden beschädigt. Am 13. April gingen alle verbliebenen acht deutschen Zerstörer bei einem weiteren britischen Angriff verloren. Mit den versenkten zehn deutschen Zerstörern starben etwa 600 Mann (unsichere Angaben). Die Royal Navy verlor bei beiden Angriffen zwei Zerstörer.

Bei der Besetzung des norwegischen Hafens Narvik durch Kriegsmarine, Heer und Luftwaffe fanden insbesondere Besatzungsangehörige der Zerstörer den Tod.

Im Johannesevangelium des Neuen Testamentes heißt es in Kapitel 15, Vers 13: „Niemand hat größere Liebe als die, daß er sein Leben läßt für seine Freunde."

Crew 45

Bei der Marine nennt man einen Offizierjahrgang CREW. Die noch 1945 in die Kriegsmarine eingetretenen etwa 1.500 Offizieranwärter der CREW 45 absolvierten ihre militärische Grundausbildung auf dem Dänholm (bei Stralsund). Anschließend wurden sie teils zur „Verteidigung der Reichskanzlei" nach Berlin befohlen, teils in Marineinfanterieeinheiten und anderen Landeinheiten eingesetzt. Gerade unter diesen jungen, kaum ausgebildeten Soldaten kam es zu hohen Verlusten im „Krieg in der Heimat" in den letzten Wochen des Zweiten Weltkrieges. Die Opfer der CREW 45 beliefen sich auf etwa 1.000 Mann.

MS MÜNCHEN ging aus bis heute nicht geklärter Ursache am 13. Dezember 1978 im Nordatlantik mit seiner gesamten Besatzung und einer mitreisenden Ehefrau unter. Das Marine-Ehrenmal soll den Hinterbliebenen dieser Opfer eine Gedenkstätte sein.

Als am 13. Dezember 1981 ein Modell des Handelsschiffes MS MÜNCHEN in der Historischen Halle aufgestellt wurde, bot der damalige Präsident des Deutschen Marinebundes den Angehörigen das Marine-Ehrenmal als Gedächtnisort für die drei Jahre zuvor beim Untergang verstorbenen 27 Besatzungsangehörigen und eine mitreisende Ehefrau an. In diesem Sinne wird das Ehrenmal auch von den Angehörigen der Opfer der Kollision eines Flugzeuges der deutschen Luftwaffe mit einem der US-Air Force über dem Südatlantik vom 13. September 1997 verstanden: Auf Wunsch der Hinterbliebenen wurde je eine Gedenktafel für die Todesopfer im Marine-Ehrenmal und auf dem Wilhelmshavener Ehrenfriedhof angebracht.

DEN OPFERN
DES FLUGZEUGABSTURZES
AM 13. SEPT. 1997
IM SÜDATLANTIK

GERHARD BERNOTAT
OBERLEUTNANT ZUR SEE

DIETMAR EISENBERG
KAPITÄNLEUTNANT

UWE GERHARD
FREGATTENKAPITÄN

BERND GRAICHEN
FREGATTENKAPITÄN

WERNER JLLG
KAPITÄNLEUTNANT

SIEGFRIED KAISER
STABSBOOTSMANN

DETLEF KERNCHEN
OBERLEUTNANT ZUR SEE

FRANZ-BERND KRIMPHOVE-EITING
STABSBOOTSMANN

KARL HERMANN MARQUARDT
OBERSTABSBOOTSMANN

THOMAS SCHNEIDER
KAPITÄNLEUTNANT

WOLFGANG SCHRECK
STABSBOOTSMANN

GUNNAR WINTERBOER
LEUTNANT ZUR SEE

Am 30. Mai 1954 fand die Rückgabe des Marine-Ehrenmals von der britischen Besatzungsmacht an den Deutschen Marinebund e. V. statt. Dessen erster Präsident war Fregattenkapitän a. D. Otto Kretschmer (geb. 1. Mai 1912, gest. 5. August 1998).

Durch glückliche Umstände war das Marine-Ehrenmal mit Wirkung vom 25. März 1954 an den im Dezember 1952 wieder gegründeten Deutschen Marinebund e.V. gelangt. Am Sonntag, dem 30. Mai 1954, 18 Jahre nach der Einweihung, übernahm der erste Präsident des Deutschen Marinebundes e.V., Otto Kretschmer, in einer Feierstunde das Marine-Ehrenmal. Daran nahmen außer Repräsentanten aus Politik und Öffentlichkeit auch Marineoffiziere aus Großbritannien, Italien und den Vereinigten Staaten von Amerika teil. In seiner Rede sagte der erste DMB-Präsident u. a.: *Wir weihen dieses Ehrenmal dem Gedenken aller toten deutschen Seefahrer beider Weltkriege, ganz gleich ob sie an Bord von Kriegs- oder Handelsschiffen, von Flugzeugen oder an Land gefallen sind. Dabei verneigen wir uns auch vor den Gefallenen unserer Bundesgenossen zur See und vor unseren toten Gegnern, in der Hoffnung, dass den Völkern keine neuen Kriegsopfer mehr auferlegt werden.* Von Bundesvorstandsmitgliedern und Zeitzeugen wurde allerdings eine etwas andere

Fassung überliefert: *Dies in der Welt einmalig dastehende Marine-Ehrenmal soll fortan dem Gedenken aller auf See gebliebenen Seeleute – unsere früheren Gegner eingeschlossen – gewidmet sein.*

Dieses Verständnis der neuen Widmung des Marine-Ehrenmals entsprach dem Totengedenken anlässlich des ersten Delegiertentages des neuen Deutschen Marinebundes e.V. am 28. November 1953 in den Stadtsälen zu Marburg an der Lahn.

Der Abgeordnetentag in Marburg, 1953

Aus dem Protokoll des ersten Abgeordnetentages des Deutschen Marinebundes e. V.:
„BEGINN:
Begrüßung durch den 1. Vorsitzenden (...)
Begrüßung durch den Ehrenvorsitzenden des Marine-Vereins Marburg und Umgebung, Vizeadmiral a. D. Exzellenz Engel.
Es ergreift das Wort von der Bundesleitung Kamerad Beutz, Wilhelmshaven.
Meine sehr verehrten Gäste, liebe Kameraden,
zu Beginn der heutigen Tagung gedenken wir der gefallenen Kameraden beider Kriege, gedenken der Gefallenen unserer Gegner, wir gedenken ferner der Kameraden, die im Verlaufe der letzten Monate zur großen Armee abberufen sind. (...)"

In einer Vorbesprechung zur Vorbereitung der Übergabefeierlichkeiten wies der Treuhänder, Bürgermeister Werner Carstensen, darauf hin, dass seiner Einschätzung nach das deutsche Marine-Ehrenmal von allen seefahrenden Nationen gleichsam auch als das ihre anerkannt werde.

Die Vorbereitungssitzung im April 1954

Aus dem Protokoll der Sitzung in Laboe wegen der Übernahme des Ehrenmals am 30.04.1954
„Gruber: (KzS a. D., Kreisverbandsvorsitzender des VdS u. Mitglied im Ehrenmalausschuß)
Ich halte es auch für äusserst wichtig, dass das Ehrenmal wieder ausgestattet wird, denn es hat doch inzwischen eine viel höhere Bedeutung erhalten, als wir überhaupt glauben und als vor allen Dingen seinerzeit geplant war. Es ist nicht mehr nur ein Ehrenmal für die Gefallenen unserer Marine, es ist vielmehr dem Einzelnen Ehrenmal für die Gefallenen aller Waffengattungen und für die Flüchtlinge ein Denkmal ihrer Heimat.
Carstensen: (Bürgermeister von Laboe und eingesetzter Treuhänder für das Marine-Ehrenmal)
Ich sehe es nicht so. Vielmehr erkenne ich immer wieder, insbesondere aus den Führungen, die ich oft mitmache, dass es ein Ehrenmal für

> die Marine aller Nationen ist, denn gerade die Ausländer sind immer wieder tief beeindruckt von diesem Ehrenmal und bedauern, etwas Ähnliches in ihrem Lande nicht zu haben. Es ist zwar richtig, dass die Tradition der Deutschen Marine hier stark hervorgehoben wurde, aber auch die anderen Nationen erkennen die Bedeutung dieses Mals der See an. Es ist also nichts Allgemeines, wie Herr Gruber sagt, und das soll es ja auch nicht werden. Die Ausländer sehen in unserem Ehrenmal ein Ehrenmal für alle gefallenen Marinesoldaten, und ich glaube, dass es auch in Zukunft das Ehrenmal bleiben soll. (...)"

Dem Bundesvorstand war die Festansprache von Vizeadmiral a. D. Hellmuth Heye, Mitglied des Bundestages, auf der Rückgabefeier am 30. Mai 1954 so wichtig, dass er sie – nicht aber die Ansprache des Präsidenten - vorab der Presse übergab. Hier hieß es u. a.: *Heute haben wir nach Jahren einer Zeitwende, die so vieles verändert und so viele Begriffe über Bord geworfen hat, dieses Ehrenmal erneut in unsere Obhut übernommen. Und damit soll es uns allen zu einem neuen Symbol geworden sein: Nicht nur ein bleibendes Ehrenmal für alle Seeleute, die auf deutschen Kriegs- und Handelsschiffen auf See geblieben sind, nicht nur für alle Angehörigen der deutschen Marinen, sondern auch ein Mahnmal für alle freien Völker … gemeinsam den Hafen der Freiheit und des Friedens anzusteuern.*

Vizeadmiral a. D. Heye am 30. Mai 1954:

„Es (das Ehrenmal) wurde ohne jeglichen nationalsozialistischen Einfluß gebaut, denn zur Zeit der Grundsteinlegung war das Nazi-Regime noch nicht an der Macht. Das Ehrenmal dient lediglich dem Zweck, den gefallenen Marinesoldaten aller Nationen eine Weihestätte zu sein.... Als ungewöhnliches Bauwerk soll das Ehrenmal ein Mahnmal des Friedens sein."

Am Volkstrauertag 1996 wurde die Gedenkstätte Deutsche Marine auf der linken Seite der Eingangshalle durch den Inspekteur der Marine eingeweiht.

Als Friedensmahnmal wollte der Kreistag des Kreises Plön das Marine-Ehrenmal schon gleich nach Kriegsende verstanden wissen. Dort war am 18. Juni 1946 einstimmig festgestellt geworden: *Das Ehrenmal dient lediglich dem Zweck, den gefallenen Marianesoldaten aller Nationen eine Weihestätte zu sein.*

Die 1995 festgeschriebene und heute im Marine-Ehrenmal zu lesende Bestimmung als Gedenkstätte und Mahnmal zugleich entspricht also der Entwicklung seit dem Zweiten Weltkrieg.

Mit den öffentlichen Zitaten aus den Ansprachen Scheers (1927) und Kretschmers (1954) bekennt sich der Deutsche Marinebund e.V. zur wechselhaften Sinngebung des Ehrenmals – von „Rache" und revisionistischem Kampf gegen den Versailler Vertrag auch mit einem neuerlichen Krieg hin zu Völkerverständigung und Friedensbewahrung.

An der Wand links vom Eingang befindet sich auf Wunsch der Deutschen Marine die GEDENKSTÄTTE DEUTSCHE MARINE. Die Erfahrungen seit 1996 zeigen, dass mit der gefundenen Formulierung der historischen Tatsache Rechnung getragen wird, dass es zwischen 1955 und 1990 zwei deutsche Marinen gab.

Auf der gegenüberliegenden Seite der Eingangshalle ist die GEDENKSTÄTTE ZIVILE SCHIFFAHRT. Damit wird sowohl der Toten von Handelsschifffahrt und Fischerei, der Deutschen Gesellschaft zur Rettung Schiffbrüchiger, der Wasser- und Schifffahrtsverwaltung und des Lotswesens gedacht, als auch jener Männer, die zwischen 1945 und 1955, als es keine Marine gab, bei der Ausführung maritimer Aufgaben (Minensuche) ihr Leben verloren.

Die Eingangshalle des Turmes war nach dem Zweiten Weltkrieg lange Jahre nicht nur von den verschiedenen Gedenktafeln geprägt, die nach und nach eingebracht wurden, sondern auch von Standarten, Flaggen und einem Ölgemälde, das das Seegefecht bei Coronel (1. November 1914) zeigt. Das Gemälde hängt seit

Auf der rechten Seite der Eingangshalle befindet sich die Gedenkstätte der zivilen Schifffahrt
WIR GEDENKEN
DER TOTEN
DER ZIVILEN SCHIFFAHRT
UND SEEDIENSTE
(daneben das Emblem der Deutschen Gesellschaft zur Rettung Schiffbrüchiger, deren Vorsitzer die Einweihung vollzog).

Die 1996 neu gestaltete Eingangshalle mit der ursprünglichen Widmung von 1927 (rechts) und der neuen Widmung von 1954 (links und unten).
Die seitdem gewachsene, heute gültige Bestimmung befindet sich in der Mitte unter der Bugzier.

„DIES IN DER WELT EINMALIG DASTEHENDE MARINE-EHRENMAL SOLL FORTAN DEM GEDENKEN ALLER AUF SEE GEBLIEBENEN SEELEUTE – UNSERE FRÜHEREN GEGNER EINGESCHLOSSEN – GEWIDMET SEIN."

DEM GEDENKEN
ALLER TOTEN
DEUTSCHEN
SEEFAHRER
BEIDER WELTKRIEGE
UND UNSERER
TOTEN GEGNER

Die Seegefechte bei Coronel und den Falkland-Inseln, 1914

Bei Ausbruch des Ersten Weltkrieges befand sich das Kreuzergeschwader in der Südsee, 2.000 Seemeilen von seinem Stützpunkt Tsingtau entfernt. Als Japan gegen Deutschland in den Krieg eintrat, sah der Geschwaderchef, Vizeadmiral Maximilian von Spee, für das Geschwader keine Erfolgsaussichten in einem Handelskrieg im Indischen oder Pazifischen Ozean. Daher wollte er mit den Großen Kreuzern SCHARNHORST und GNEISENAU sowie mit den Kleinen Kreuzern LEIPZIG, DRESDEN und NÜRNBERG in die Heimat zurückkehren. Kreuzer EMDEN entließ er zum eigenständigen Kreuzerkrieg in den Indischen Ozean. Nach Durchquerung des Pazifiks (13.000 Seemeilen!) wurden am 1. November 1914 vor der chilenischen Küste bei Coronel im Gefecht mit einem britischen Geschwader zwei britische Panzerkreuzer versenkt. Von deren 1.575 Besatzungsangehörigen überlebte wegen schlechter Rettungsbedingungen keiner. Auf deutscher Seite gab es keine Verluste. Nach der Umrundung von Kap Horn traf das Kreuzergeschwader am 8. Dezember 1914 bei den Falkland-Inseln auf zwei wesentlich stärkere britische Schlachtkreuzer. Im Gefecht fanden beim Untergang von SCHARNHORST, GNEISENAU, NÜRNBERG und LEIPZIG mehr als 2.000 Besatzungsangehörige den Tod, darunter Admiral Graf Spee und seine beiden Söhne. Die Briten retteten 212 Mann.

Die Künstlerin Ingrid Thern-Steinhaus (Mönkeberg) gestaltete 1996 die Eingangshalle neu.

1998 als Dauerleihgabe im Deutschen Marinemuseum in Wilhelmshaven und weist hier auf den Deutschen Marinebund e.V. hin. Die Gedenktafeln befinden sich in der Gedenkhalle, denn im Herbst 1996 wurde die Eingangshalle in ihrem jetzigen Aussehen durch die Mönkeberger Künstlerin Ingrid Thern-Steinhaus gestaltet. Die POMMERN-Bugzier blieb; darunter aber sieht der Besucher seit 1996 die seit dem Zweiten Weltkrieg gewachsene Bestimmung des Marine-Ehrenmals, wie sie seit 1995 in der Satzung des Deutschen Marinebundes niedergelegt ist. Rechts davon liest der Besucher die Worte Admiral Scheers bei der Grundsteinlegung am 8. August 1927, links ein verkürztes Zitat aus der Rede des ersten Präsidenten des Deutschen Marinebundes e.V., Otto Kretschmer, bei der Rückgabe am 30. Mai 1954.

Die Ehrenhalle im Turm

Im zweiten Raum des Turms wird heute der Gefallenen der deutschen Marinen in den beiden Weltkriegen gedacht. Ursprünglich ging es, naturgemäß, ausschließlich um die 34.836 Toten des „Großen Krieges", wie der (erste) Weltkrieg (1914–1918) auch genannt wurde. An der Wand gegenüber dem Eingang hieß es

Ehrentafel

mit wehender Flagge blieben vor dem Feinde

– und darunter die Schiffsnamen und Bootsnummern der gesunkenen Einheiten der Kaiserlichen Marine, davor auf einem niederen Sockel halbschräg liegend eine Bronzetafel zur Erinnerung an die Grundsteinlegung am 8. August 1927.

Nach dem Zweiten Weltkrieg musste diese Halle umgestaltet werden, um auch der 120.000 Gefallenen der Marine dieses Krieges zu gedenken.

Ursprünglich war die Ehrenhalle (der zweite Raum im Erdgeschoss des Turmes) allein den Opfern des Ersten Weltkrieges gewidmet. Sie wurde nach der Rückgabe des Marine-Ehrenmals völlig umgestaltet.

Die Namen der auf See im Ersten Weltkrieg Gefallenen der kaiserlichen Hochseeflotte des 1. Weltkrieges finden sich, nach Booten und Schiffen geordnet, in einem der beiden Bücher an der Rückseite der Ehrenhalle (hier die Toten von SMS DERFFLINGER).

Die 34.836 Toten der Kaiserlichen Marine

Nach ersten Dokumentationen fanden im Ersten Weltkrieg 34.836 Angehörige der Kaiserlichen Marine den Tod; genauere Berechnungen in späterer Zeit kamen allerdings auf 15.025 bei der Flotte und 30.637 bei Landeinheiten. Aufgeschlüsselt nach den wichtigsten Seekriegsereignissen des Ersten Weltkrieges setzt sich die Summe von 15.000 der auf See Gefallenen in etwa folgendermaßen zusammen:

1. Im Gefecht bei Helgoland am 28. August 1914 starben beim Untergang der Kleinen Kreuzer ARIADNE, CÖLN und MAINZ sowie des Torpedobootes V 187 etwa 700 Seeleute.
2. Auf SCHARNHORST, GNEISENAU, LEIPZIG und NÜRNBERG fanden im Falkland-Gefecht (8. Dezember 1914) etwa 2.000 Mann den Tod.
3. Im Gefecht auf der Doggerbank am 24. Januar 1915 stießen vier deutsche Schlachtkreuzer auf fünf britische. Im Verfolgungsgefecht wurde SEYDLITZ schwer getroffen – 165 (155?) Tote; BLÜCHER war mit 792 Toten Totalverlust.
4. In der Skagerrakschlacht (30. Mai/1. Juni 1916) trafen (ungewollt!) die deutsche und die britische Flotte in ihrer Gesamtheit aufeinander. Es starben 3.039 deutsche und 6.784 britische Soldaten.
5. An Einzelverlusten seien die Kleinen Kreuzer KARLSRUHE und EMDEN mit 263 bzw. 133 Toten erwähnt.
6. Im U-Bootkrieg fanden 5.132 Mann den Tod; 199 Boote gingen verloren.
7. Etwa 963 Männer der Marineflieger und -luftschiffe kamen ums Leben.

Die Toten der Kriegsmarine

Der Kriegsmarine gehörten während des Zweiten Weltkrieges 1939-1945 insgesamt etwa 1,2 Mio. Soldaten an. Entgegen der im Marine-Ehrenmal in Laboe aufgeführten Zahl von 120.000 Toten haben frühere Berechnungen 235.754 Tote und neuere Berechnungen („nur") etwa 95.000 Tote ergeben. Etwa die Hälfte soll auf den Seekrieg entfallen und davon wiederum etwa 30.000 allein auf die U-Bootwaffe (im weitesten Sinne). Letztlich gilt: „Offenbar gelingt es nicht mehr, der Wahrheit näher zu kommen." (Nöldecke)

An der Rückwand der Ehrenhalle befinden sich die beiden Bücher mit den Namen aller auf See Gefallenen der Kaiserlichen Marine im Ersten Weltkrieg und der Kriegsmarine im Zweiten Weltkrieg.

Die Namen der etwa 65.000 Toten auf See der Kriegsmarine sind in alphabetischer Anordnung und mit Angabe der Lebensdaten nachzulesen.

Bauer, Walter
Obergefreiter
*28.10.1923 †2.4.1945

Bauer, Werner
Gefreiter
*11.1.1926
verschollen April 1945

Bauer, Werner
Maat
*9.12.1923 †12.12.1944

Bauer, Wilhelm
Gefreiter
*11.7.1923 †27.10.1942

Bauer, Wilhelm
Obergefreiter
*13.2.1902
verschollen Januar 1945

Bauer, Wilhelm
Fähnrich (Ing.)
*27.4.1924 †8.9.1943

Bauer, Wilhelm
Gefreiter
*27.4.1925 †1.3.1944

Bauer, Wilhelm
Obergefreiter
*3.4.1909
verschollen August 1944

Bauer, Winand
Gefreiter
*27.2.1922 †14.10.1942

Bauer, Wolfram-Eberhard
Obergefreiter
*12.1.1922 †12.12.1944

Bauereiss, Karl
Obergefreiter
*3.5.1924 †19.4.1944

Bauerfeld, Ernst
Obermaat
*25.1.1917 †13.12.1944

Bauerfeld, Horst
Gefreiter
*15.1.1923 †3.7.1942

Bauerfeld, Horst
Gefreiter
*15.6.1923 †3.7.1942

Bauermann, Hans
Gefreiter
*12.10.1924 †8.7.1943

Bauermeister, Helmut
Gefreiter
*13.10.1924 †23.7.1943

aueroehse, Erich
Obergefreiter
*5.9.1919 †26.10.1942

auherr, Heinz
Obergefreiter
*1.2.1923 †26.12.1943

auhoff, Heinz
Gefreiter
*2.12.1921 †6.10.1942

auhuber, Alex
Matrose
*.4.1927
verschollen April 1945

auhuis, Gerhard
Matrose
*.1.1923 †14.8.1944

aule, Hans
Obergefreiter
*9.8.1923 †26.12.1943

aum, Bruno
Obersteuermann
*.1.1914 †28.10.1944

aum, Fritz
Obergefreiter
*4.1.1924 †22.11.1943

Baum, Heinz
Maat
*29.5.1922 †16.12.1943

Baum, Helmut
Gefreiter
*16.7.1921 †8.5.1941

Baum, Helmut
Obergefreiter
*17.5.1924 †7.7.1944

Baum, Johann
Matrose
*10.8.1926 †28.5.1944

Baum, Josef
Obergefreiter
*21.9.1919 †26.12.1943

Baum, Kurt
Gefreiter
*2.6.1923 †24.6.1943

Baum, Robert
Obergefreiter
*14.10.1913 †24.8.1944

Baum, Walter
Gefreiter
*11.8.1922 †10.12.1942

Baumann, Anton
Matrose
*8.9.1923 †14.10.1942

Baumann, Anton
Gefreiter
*9.12.1926 †4.5.1945

Baumann, Anton Aug.
Gefreiter
*23.4.1923
verschollen Mai 1944

Baumann, Erich
Gefreiter
*16.9.1920 †26.1.1945

Baumann, Ernst
Gefreiter
*1.5.1921 †27.5.1941

Baumann, Ernst
Obermaat
*17.12.1915 †16.4.1940

Baumann, Franz
Obergefreiter
*10.6.1925 †26.1.1945

Baumann, Gerhard
Maat
*25.1.1923 †5.10.1942

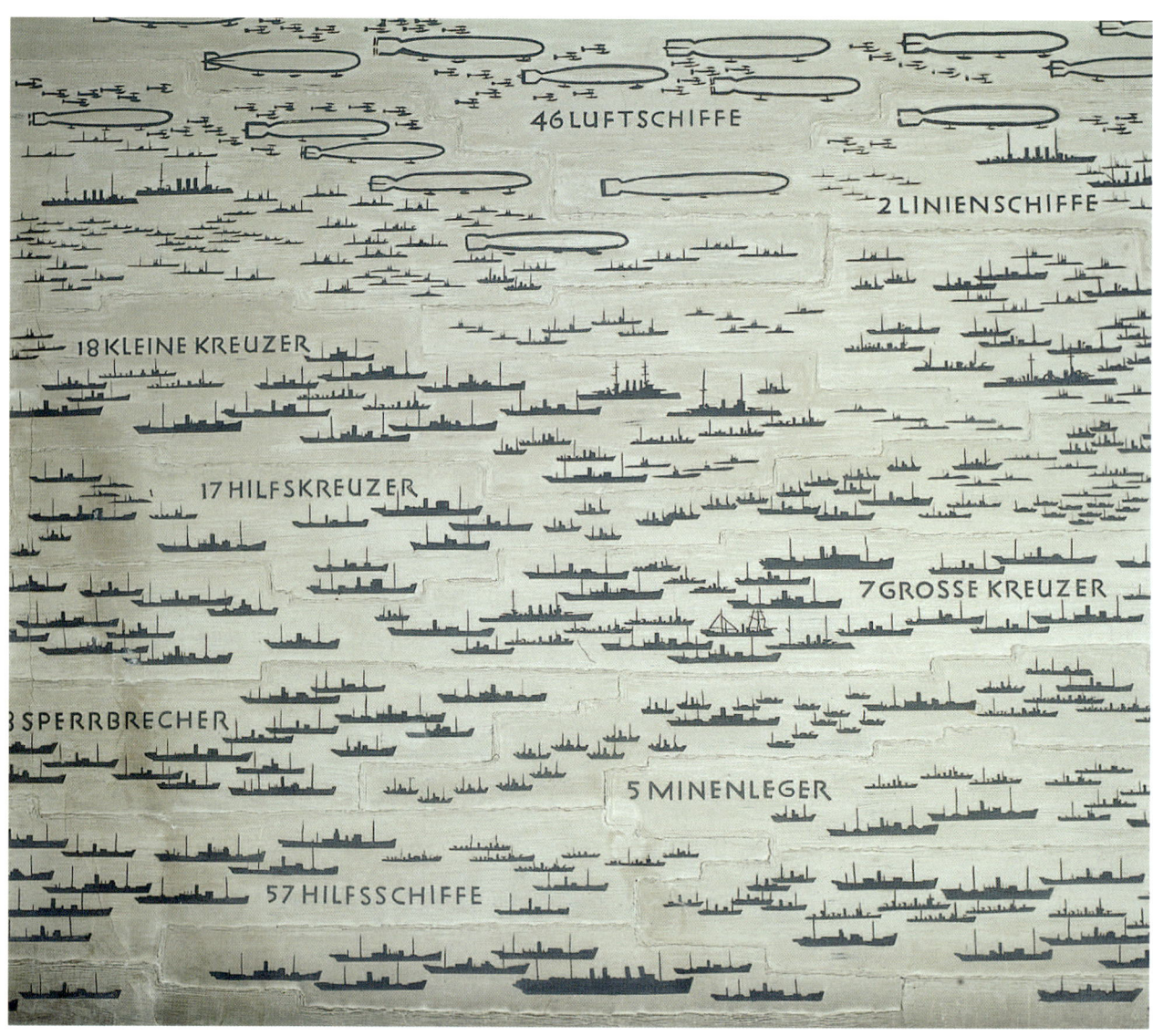

An der linken Wand der Ehrenhalle sind in Sgrafitto-Technik die Silhouetten aller verlorengegangenen Schiffe und Boote, Flugzeuge und Luftschiffe der Kaiserlichen Marine im Ersten Weltkrieg zu sehen, an der rechten Wand die Silhouetten der untergegangenen Schiffe und Boote der Kriegsmarine im Zweiten Weltkrieg.

Die Schriftzüge der Jahres- und Opferzahlen beider Kriege gestaltete Friedrich Eichstadt (1919-1970); ebenso den Spruch *Sie starben für uns*. Er ist dem ursprünglichen Spruch auf dem Sockel in der Gedenkhalle (früher: Weihehalle) *Wir starben für Dich* nachempfunden, der 1996 geändert wurde in *Den auf See Gebliebenen*. In der Ehrenhalle kam erst 1972 die Ergänzung *Den Lebenden zur Mahnung* hinzu, wobei diese Mahnung diametral jener von 1939 entgegen steht. Lautete damals die Mahnung: Die nächste Generation solle im kommenden Krieg, genauso tapfer kämpfend, wie die Gefallenen des Weltkrieges, die „Schmach von Versailles" rächen, so lautet sie nach dem Zweiten Weltkrieg: *Nie wieder!* und: *Den Frieden bewahren oder wieder herstellen!* Die Seitenwände mit den Silhouetten aller in den beiden Kriegen gesunkenen Boote und Schiffe gestaltete Annemarie Ewertsen (1909-1993) in Scrafitto-Technik. An der Rückwand befinden sich zwei Bücher mit den Namen der auf See Gebliebenen beider Weltkriege ohne Grabstätte an Land – für die 15.000 des Ersten Weltkrieges (ursprünglich in der Weihe-/Gedenkhalle) geordnet nach den Booten bzw. Schiffen, zu denen sie gehörten, für die 64.000 des Zweiten Weltkrieges (seit 1985) in alphabetischer Rei-

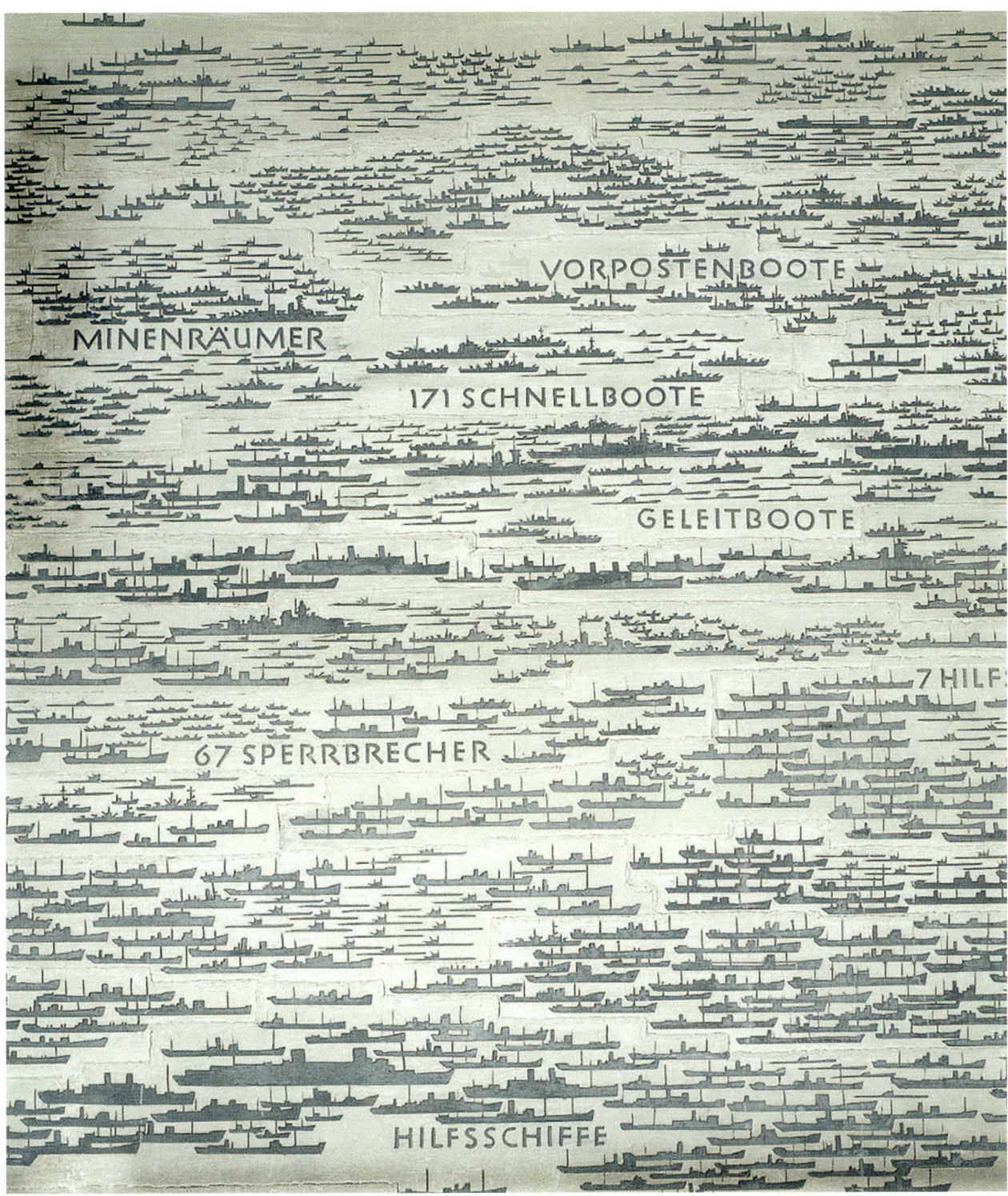

henfolge mit Lebensdaten. Auch mehr als 80 bzw. fast 60 Jahre nach Kriegsende sehen Familienangehörige hier nach den Namen ihrer Toten.

Sofern nun nicht die Aussicht vom Turm lockt, begibt sich der Besucher in das unterirdische Zentrum des Marine-Ehrenmals.

Die Gedenkhalle

Langemarck-Denkmal in Kiel
Foto: © Jens Rönnau, Kiel

Die Arbeiten hierfür konnten erst dreieinhalb Jahre nach Fertigstellung des Turmes, also Mitte Juni 1933, aufgenommen werden. Die Vervollständigung der Anlage wurde mit der unterirdischen Weihehalle fortgesetzt; im Enturf „Weihesaal" genannt, heißt sie seit 1996 „Gedenkhalle" – so schon im März 1930 in der Kieler Zeitung bezeichnet. In der Zwischenzeit hatte Munzer ein weiteres Denkmal, nämlich jenes für die Gefallenen der Kieler Christian-Albrechts-Universität, entworfen. Dieses fünfsäulige, geradezu filigrane Denkmal (Langemarck-Denkmal) wurde nahe dem Universitätshauptgebäude gebaut und am 27. Juni 1931 eingeweiht. Man findet es südlich der Kieler Kunsthalle.

Die Gedenkhalle (früher Weihesaal oder Weihehalle) in Bau.

Für die unterirdische Weihe-/Gedenkhalle des Marine-Ehrenmals in Laboe nutzte der Architekt die Vertiefung, die sich aus der Konstruktion des vorher hier befindlichen Panzerturmes ergab. Mit 27 m Durchmesser bei nur 6 m Höhe ist die Halle bautechnisch wie akustisch eine Besonderheit: Die Belastung durch größere Menschenansammlung auf der Freifläche über der Halle – es sollten dort bis zu 10.000 Menschen Platz haben – war nur schwer zu berechnen. Bei Ansprachen oder musikalischen Darbietungen in der Halle sind zur Mitte hin sich verstärkende Hall-Effekte zu berücksichtigen. Wegen nur kleiner Lampen an den 20 Säulen sowie einem in mehrfachem Blau gehaltenen Rundfenster (Oberlicht) von Erhard Klonk/Marburg in der Mitte der Hallendecke macht die Halle insgesamt einen etwas düsteren Eindruck, insbesondere bei Anwesenheit vieler Teil-

Durch das in unterschiedlichem Blau gehaltene Glasfenster der Gedenkhallen-Kuppel dringt nur gedämpftes Licht. So stellt sich von selbst eine besinnliche Stimmung ein.

Das Zentrum des Marine-Ehrenmals – die Gedenkhalle mit den Flaggen der Bundesrepublik Deutschland, der Kaiserlichen Marine, der Reichsmarine (1922-1933) und der NATO sowie von 16 seefahrenden Nationen. Auf der Umrandung des Wasserbeckens in der Mitte heißt es „Weihestätte unserer gefallenen Helden im Weltkrieg 1914/18". Die kleine fünfseitige Säule in der Mitte des Wasserbeckens trägt die Jahreszahlen der beiden Weltkriege und den Spruch „Den auf See Gebliebenen".

nehmer (bis zu 3.000 sollen es sein können) an Gedenkveranstaltungen wie z. B. beim Volkstrauertag. Genau diese Andachtsstimmung war vom Architekten gewollt. Vergleichbar der unterschiedlichen Sichtigkeit im Wasser je nach der Helligkeit über dem Wasser ist die Wirkung der Halle ständig anders. Ob vielleicht auch die Vorstellung eines „Seemannsgrabes" den Architekten geleitet hat, mag offen bleiben.

Im Zentrum der Halle unter dem Rundfenster befindet sich ein kreisrundes, flaches Wasserbecken, in dessen Mitte eine kleine fünfseitige Säule mit den Jahreszahlen des Ersten Weltkrieges sowie (nachgetragen) jenen des Zweiten Weltkrieges. Die ursprünglichen Worte *Wir starben für Dich* auf der Säule wurden (1996) geändert in *Den auf See Gebliebenen*. Zur Erinnerung: Der Antrag zur Errichtung eines Ehrenmals sprach von den *im Weltkriege gebliebenen Kameraden*. Auf dem breiten Beckenrand (Porphyrring) heißt es: *Weihestätte unserer gefallenen Helden im Weltkriege 1914/18*. Ein Buch mit den Namen der 34.836 Gefallenen der Marine des Ersten Weltkrieges drohte hier der Zerstörung durch Feuchtigkeit zum Opfer zu fallen und liegt daher nun im Archiv. Ein zweites Exemplar mit den Namen nur der wirklich auf See Gebliebenen kann, wie erwähnt, im zweiten Raum des Turmes (Ehrenhalle) eingesehen werden.

Die Erstausstattung der Weihehalle bestand aus sog. „Traditionsflaggen", d. h. kaiserlichen Kriegsflaggen, die im Ersten Weltkrieg im Gefecht geweht hatten. Nach dem Zweiten Weltkrieg hingen hier Flaggen der Kaiserlichen Marine (1903-1918), der Reichsmarine (1919-1933 sowie 1933-1935) und der Bundesmarine (seit 1955). Seit 1995 befinden sich hier die Flaggen der Bundesrepublik

Während der Kieler Woche nehmen alle Gastschiffe ausländischer Marinen am gemeinsamen Totengedenken mit Kranzniederlegung teil.

Der Befehlshaber der Baltischen Flotte der Sowjetunion, weitere sowjetische und deutsche Marineoffiziere und der Präsident des Deutschen Marinebundes e.V., Hans-Arend Feindt, während eines Totengedenkens am 6. Juni 1990.

Deutschland, der Reichsmarine (1922-1933) und der Kaiserlichen Marine sowie der NATO – und die Flaggen von 16 seefahrenden Nationen dokumentieren die internationale „Nutzung" und Anerkennung des Marine-Ehrenmals.

Diese Anerkennung auch durch andere Nationen setzte mit Fertigstellung des Turmes ein. Schon 1930 hatte eine US-amerikanische Architekturzeitschrift geschrieben: *Wir bewundern dieses sehr schöne Werk, welches ein ausgezeichnetes Beispiel von Monumental-Architektur ist.* Die Schiffe der internationalen Marinen schlossen sich sehr bald dem (am 8. August 1930 angeordneten) Flaggengruß mit „Front" (Aufstellung der gesamten Schiffs-/Bootsbesatzung) der Reichsmarine an und grüßten das Marine-Ehrenmal mit dem international üblichen Gruß „Dippen der Flagge". Im Sommer 1933 erwies ein englisches Geschwader mit „Passieraufstellung" aller Besatzungen den Gefallenen des ehemaligen Gegners seine Achtung. Im Januar 1934 berichtete die Deutsche Marine-Zeitung vom Besuch des englischen Marine-Attachés, der im Dezember 1933 im Marine-Ehrenmal einen Kranz niedergelegt hatte; auf der Kranzschleife hieß es: *In kameradschaftlichem Gedenken.* Am 12. Januar 1934 folgte der US-amerikanische Marine-Attaché. Der japanische Marine-Attaché besichtigte am 8. Februar 1935 das Ehrenmal und ließ einige Tage danach einen Kranz niederlegen. Noch vor der offiziellen Einweihung 1936 besuchten mehrere ausländische Delegationen, darunter u. a. (mehrfach) aus Japan und Polen, aber auch aus Dänemark, Holland und Schweden das Ehrenmal.

Nach dem Zweiten Weltkrieg legte als erster Soldat in Uniform im Sommer 1955 - also noch vor Gründung der Bundeswehr! - ein US-amerikanischer Admiral im Marine-Ehrenmal einen Kranz nieder – *To all those who died at sea* stand auf der Kranzschleife, d. h. er unterschied nicht nach zivilen und militärischen Opfern oder nach Frieden und Krieg. Die internationale Anerkennung für diese

Den 50. Jahrestag des Atombombenabwurfs auf Hiroshima begingen Besatzungsangehörige japanischer Schulschiffe im Marine-Ehrenmal in Laboe.

Angehörige der Königlich Dänischen Marine und der Königlich Niederländischen Marine während einer Kieler Woche-Gedenkfeier.

Kranzschleifen aus aller Welt erinnern an internationale Gedenkveranstaltungen.

nationale Gedenkstätte in Deutschland kommt besonders beim gemeinsamen Totengedenken mit Kranzniederlegung aller Gastschiffe der Kieler Woche zum Ausdruck. Kranzniederlegungen im Marine-Ehrenmal gehören zum Besuchsprogramm ausländischer Gastschiffe – erwähnt seien z. B. die Gedenkfeier der Besatzungen japanischer Schulschiffe am 6. August 1995 („50 Jahre Hiroshima") sowie der Besuch des Befehlshabers der Baltischen Flotte der UdSSR am 6. Juni 1990 mit Kranzniederlegung.

So wird gerade von Angehörigen befreundeter Marinen die weltweite Besonderheit des Marine-Ehrenmals in Laboe immer wieder betont. In diesem Zusammenhang sei erwähnt, dass der Architekt Gustav A. Munzer kurz vor Ausbruch des Zweiten Weltkrieges einen Ehrenmal-Auftrag aus Japan erhielt, der aber wegen des Krieges nicht ausgeführt wurde. Das Marine-Ehrenmal im italienischen Brindisi lässt eine deutliche „Anlehnung" an das Laboer Ehrenmal erkennen, ist aber nicht von Munzer.

Das italienische Marine-Ehrenmal in Brindisi.

Die Kranzschleifen im Raum mit den Fahrstühlen (dritter Raum im Turm-Erdgeschoß) sowie in der Gedenkhalle dokumentieren die vielen Kranzniederlegungen ausländischer Marinen seit 1956.

Zuletzt sei noch erwähnt: Weitgereisten Besuchern ist aufgefallen, dass das Gefälle des Ganges von der Eingangshalle in die Gedenkhalle demjenigen der Zugänge zu den Grabkammern der ägyptischen Pyramiden entspricht.

Ein Gemälde von Claus Bergen stellt die voll entbrannte Skagerrakschlacht dar; die Bronzetafel darunter erinnert an die Grundsteinlegung für das Marine-Ehrenmal am 8. August 1927. Der Schriftzug „Erbauer N. S. Deutscher Marinebund, Bremen" ist ein Hinweis auf die Entstehungszeit dieser Tafel erst nach 1935. Nach dem Zweiten Weltkrieg wurde N. S. in IST geändert.

„Zum Ruhme der Großtaten der Kaiserlichen Marine…" – die ursprüngliche Ehrenhalle

Gegenüber dem Turm auf der anderen Seite des 90 m durchmessenden Ehrenhofes befindet sich die Historische Halle, die bis etwa 1960 Ehrenhalle hieß. Nach den ursprünglichen Plänen des Architekten sollte sie sich zu zwei Dritteln um den Ehrenhof herumziehen. Hier wirkte sich die Auflage des Auftraggebers an den beauftragten Architekten, der nur Zweiter des Wettbewerbs geworden war, seinen Entwurf aus Kostengründen zu reduzieren, am deutlichsten erkennbar aus.

Die 66,5 m lange und 11,5 m breite Historische Halle wurde 1933/34 als drit-

Das Mosaikglasbild in der südseitigen Mitte der Historischen Halle zeigt das Leben bei der Marine an Bord und an Land.

ter Bauabschnitt errichtet. Beide Längswände sind in je zehn Abteilungen (auch „Nischen" oder „Kojen" genannt) unterteilt. Die dem Turm und dem Ehrenhof zugewandte Seite hat keine Fenster, bei der gegenüberliegenden äußeren Wand dagegen wird die obere Hälfte von Fenstern eingenommen.

Beim Betreten der Historischen Halle vom Ehrenhof oder aus der Gedenkhalle heraufkommend sieht der Besucher als erstes ein 14 m breites und 3,10 m hohes farbiges Mosaikfenster. Keiner der 18 Entwürfe erfüllte 1935 *die Forderung, die Heldenleistungen der deutschen Marine im Weltkriege entweder durch Symbole oder durch realistische Darstellung zur Anschauung zu bringen*. Einer der Künstler, Heinz Mai/Düsseldorf, erhielt den Auftrag zur weiteren Bearbeitung seines Entwurfes. Das Mosaikglasfenster stellt das Leben bei der Marine an Bord und an Land dar – in der Mitte zwischen den Schornsteinen sieht man eine aufgehende Sonne, von der Admiral Erich Raeder (geb. 24.04.1876, gest. 11.11.1960) bei der Einweihung als *Morgenröte einer lichteren Zukunft* sprach.

Ursprünglich zeigte die Ehrenhalle auf 765 qm in drei Dioramen (Skagerrak-Schlacht, Versenkung in Scapa Flow, Marinetruppen an der Flandernfront) mit Erinnerungsstücken und Freskomalereien die Hauptereignisse und die Untergangsstellen deutscher Kriegsschiffe im Ersten Weltkrieg.

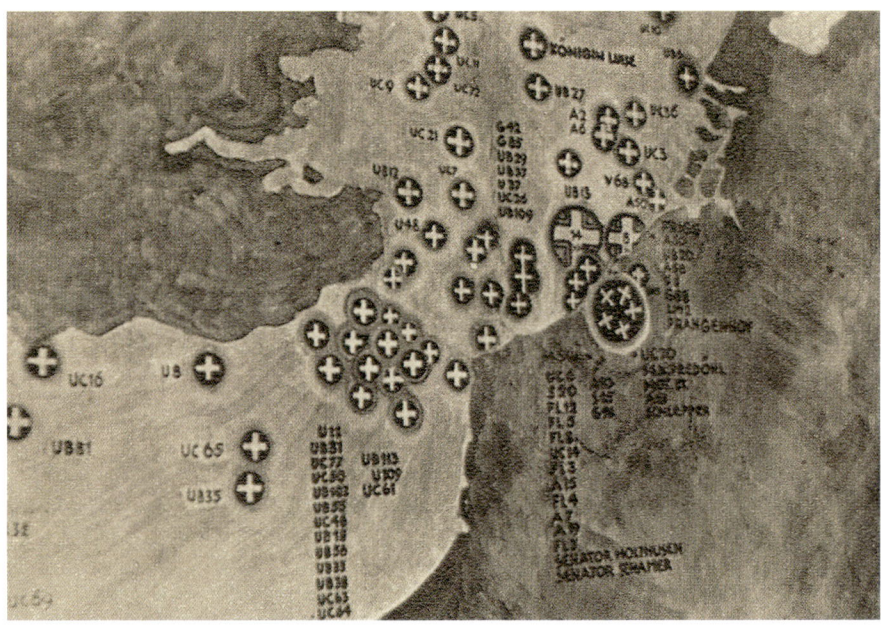

Dieses Fresko-Wandgemälde an einer Stirnwand der Historischen Halle zeigte die Stellen, wo deutsche Kriegsschiffe, Luftschiffe und Hilfskriegsschiffe mit wehender Flagge untergingen (im Zuge der ersten Neugestaltung ab 1954 entfernt).

„Die Deutschen und die See" – die Historische Halle

Wie der zweite Raum im Turm musste auch die Historische Halle in Hinblick auf die Darstellung des Zweiten Weltkrieges völlig umgestaltet werden. Hier wird deutsche (und europäische) Schifffahrts- und Marinegeschichte, mit Schwerpunkt auf den beiden Weltkriegen, gezeigt. Die Konzeption stammt von Dr. Paul Reibisch, der während des Zweiten Weltkrieges schon am „Museum der Kriegsmarine" tätig war. Die graphischen Darstellungen entlang den Außenwänden besorgte Annemarie Ewertsen (Laboe). Der Beginn mit der Zeit der Wikinger und der Hanse-Zeit zeigt den weiten zeitlichen Anspruch maritimen Handelns. Dass es eine Kurbrandenburgische Marine (1657-1688) gegeben hat, ist sicher vielen Besuchern neu. Auf den Zerfall des (ersten) Kaiserreichs (1806) sowie auf die ersten Ansätze einer gesamtdeutschen Marine im Zuge der Revolution und Einigungsbewegung 1848 wird ebenso hingewiesen wie auf den Flottenbau des wilhelminischen (zweiten) Kaiserreichs (1871-1918). Gesamtdarstellungen und Einzelereignisse der beiden Weltkriege (1914/18 und 1939/45) zeigen die Abschnitte an der Fensterseite der Historischen Halle. Eine knappe „Bilanz des Zweiten Weltkrieges" sowie einige wenige Bilder und Texte zur „Nachkriegszeit – Deutschland ohne Marine aber mit maritimen Aufgaben" vervollständigen die marinegeschichtlichen Darstellungen in der Historischen Halle, Informationen zu Handelsschifffahrt, Meeresforschung und Nord-Ostsee-Kanal (mit einem Diorama der letzten vier Kilometer bei Holtenau) den seefahrtsgeschichtlichen Teil.

Den Innenraum der Historischen Halle nehmen vor allem Modelle von Kriegs- und Handelsschiffen (Maßstab 1 : 50 bzw. 1 : 100) aus allen Geschichtsepochen ein. Dioramen veranschaulichen Einzelereignisse des Zweiten Weltkrieges (Besetzung Norwegens und Dänemarks im Frühjahr 1940; Rückzug der Schlachtschiffe GNEISENAU und SCHARNHORST und des Schweren Kreuzers PRINZ EUGEN durch den Englischen Kanal im Frühjahr 1942).

In 20 Abteilungen zeigt die Historische Halle die Entwicklung und Geschichte deutscher Seefahrt und Marinen.

Die Glattdeckskorvette LUISE lief 1872 in der Anfangszeit der Kaiserlichen Marine vom Stapel und blieb bis 1895 in Dienst.

Das Schlachtschiff BISMARCK lief 1939 als Stolz der Kriegsmarine vom Stapel und ging am 27. Mai 1941 mit 1.977 Toten im Nordatlantik unter.

Der westliche Nebenraum ist der „Rettung über die Ostsee 1945" gewidmet, die auf Schautafeln sowie mit zwei Schiffsmodellen dargestellt wird. Eine Bronzetafel bringt den Dank der Heimatvertriebenen an die Besatzungen der Kriegs- und Handelsmarine für den Rettungseinsatz in der Endphase des Zweiten Weltkrieges zum Ausdruck. Nach dem Einmarsch deutscher Truppen im Sommer 1941 in die Sowjetunion war 1944/45 mit dem Zurückweichen der deutschen

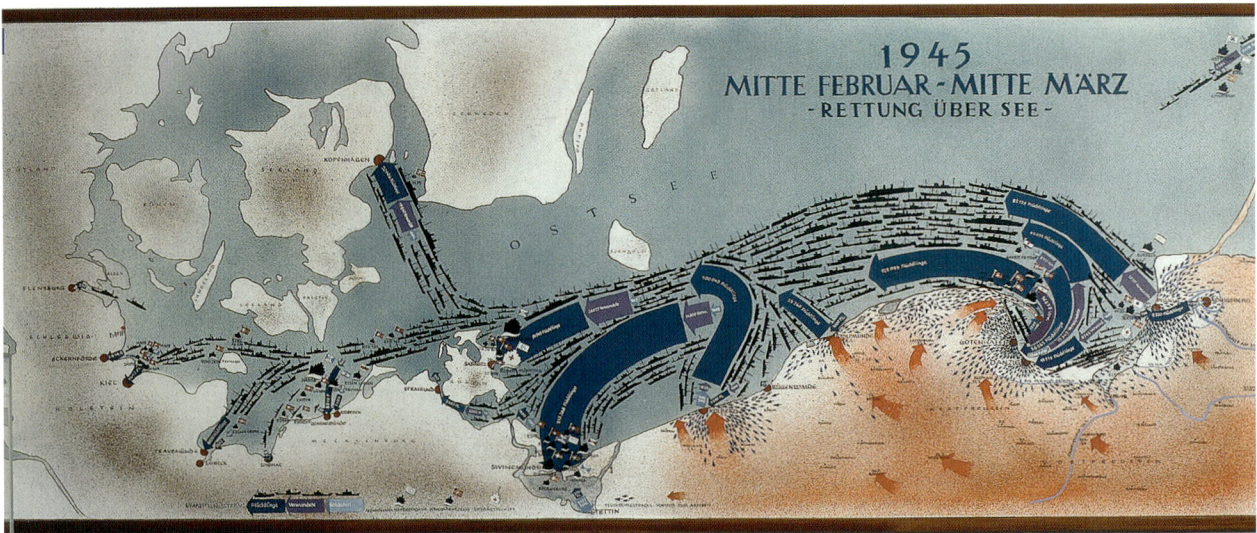

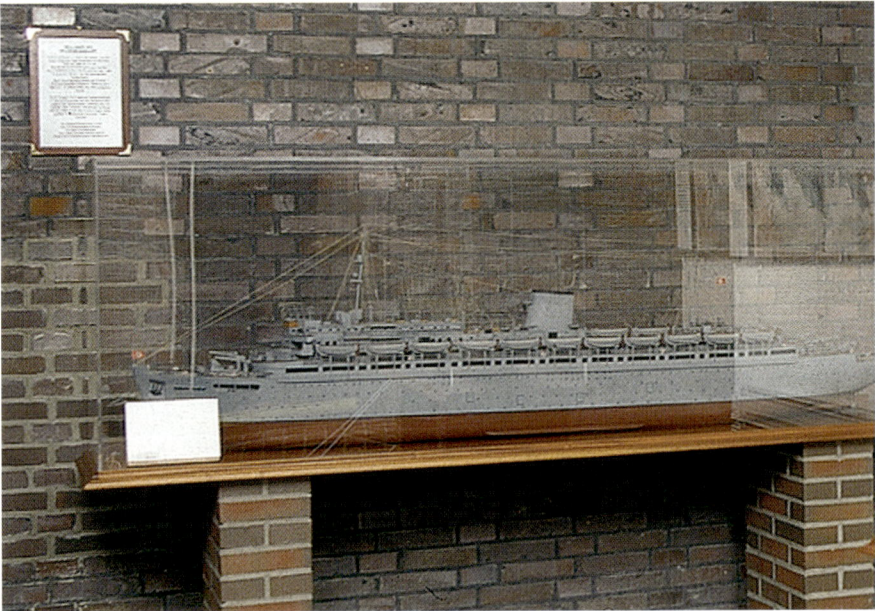

Seit dem Jahre 2000 ist der „Rettung über die Ostsee 1945" ein eigener Raum gewidmet – mit erklärenden Darstellungen sowie einem Modell und einem Bullauge der WILHELM GUSTLOFF.

Front vor den heranrückenden Armeen der Sowjetunion die Flucht der deutschen Bevölkerung verbunden. Von Häfen und Brückenköpfen wurden etwa zwei Millionen Flüchtlinge und Soldaten nach Westen transportiert. *Diese größte Seeoperation der modernen Geschichte* erfuhr eine zusätzliche Dramatik durch die winterlichen Witterungsbedingungen. Tragische Tiefpunkte waren z. B. die Untergänge GENERAL VON STEUBEN (etwa 2.700 Tote), WILHELM GUSTLOFF (etwa 9.100 Tote) und GOYA (etwa 5.220 Tote).

Der gegenüberliegende, östliche Nebenraum der Historischen Halle zeigt den U-Boothandelskrieg im Zweiten Weltkrieg mit Texttafeln und Graphiken, Modellen und einem Vorhaltrechner, wie er im Zweiten Weltkrieg für die Einstellung von Laufrichtung, -tiefe und -dauer der Torpedos eingesetzt wurde.

Um verständlich zu machen, wie es zu den Gefallenen und auf See Gebliebenen gekommen ist, derer im Marine-Ehrenmal in Laboe gedacht wird, ist an eine Umgestaltung der Historischen Halle in den Wintern 2004/2005 sowie

Außerdem befindet sich im Raum „Rettung über die Ostsee 1945" ein Modell des Lazarettschiffes BERLIN sowie eine Bronzetafel mit dem Dank der Heimatvertriebenen an die Besatzungen der Kriegs- und Handelsschiffe für die Rettung 1945.

Das Minensuchboot 125, das Große Torpedoboot V 116 sowie das kleine Torpedoboot T 16 der Kaiserlichen Marine als Modelle im Maßstab 1:50.

Der Große Kreuzer der Kaiserlichen Marine SMS S<small>CHARNHORST</small> ging im Seegefecht vor den Falklandinseln (08.12.1914; 860 Tote) unter. Mit seinen 21 cm-Geschützen und geringerer Geschwindigkeit war das Schiff britischen Schlachtkreuzern hoffnungslos unterlegen. Im Hintergrund das Flottenflaggschiff der Kaiserlichen Marine F<small>RIEDRICH DER GROSSE</small>.

2005/2006 gedacht. Dabei werden alle Kriegsschiffs- und auch einige Handelsschiffsmodelle erhalten bleiben.

Mit Verlassen der Historischen Halle betritt der Besucher die Freifläche, auch Ehrenhof genannt.

Modelle z. B. eines Tankers, eines Containerschiffes und eines LASH-Schiffes im Maßstab 1:100 zeigen Vielfalt und Entwicklung der Handelsschifffahrt.

Vollendung: Umfassungsmauer und Geländegestaltung

Mit der Umfassungsmauer wurden Turm, Gedenkhalle und Historische Halle zu einer geschlossenen Ehrenmal-Anlage, zu der auch das umliegende Gelände gehört. Dessen Bepflanzung sollte dem Charakter der Landschaft entsprechen – folglich finden sich dort z. B. keine Nadelhölzer. Zuletzt war noch die Freifläche als Ehrenhof zu gestalten. Hier begnügte man sich vorerst mit einer Kiesdecke; erst nach der Einweihung erhielt der Ehrenhof einen Belag mit Wesersandsteinplatten. Wenn der Besucher die Historische Halle verläßt, sieht er rechts und links vom Turm die Kieler Außenförde fast in ganzer Breite. Dies ist nur Dank des Gefälles, das der Architekt für den Ehrenhof vielleicht nicht vorgesehen hatte, sondern das sich wohl eher aus der Bauentwicklung der Weihehalle ergab, möglich.

Ehrenhof und Historische Halle

Die Reichsarbeitsdienst-Abteilung „Admiral v. Lans" aus Kiel-Holtenau beim Marsch zu Erdarbeiten am Marine-Ehrenmal 1934/35.

Einweihung 1936 im Geist der Zeit

Die Einweihung des Marine-Ehrenmals fiel in die Zeit des Nationalsozialismus. Hiervon war der schon im September 1935 angekündigte Staatsakt am 30. Mai 1936 geprägt. Nicht zufällig war das Datum gewählt worden, handelte es sich doch um den Vorabend des 20. Jahrestages der Skagerrak-Schlacht. Insofern ist es verständlich, dass das Marine-Ehrenmal auch „Skagerrak-Denkmal" genannt wurde. Die Kriegsmarine präsentierte sich am Vortrag mit einer Flottenübung, einer Flottenparade und einem „Großen Zapfenstreich" der Reichsführung und der Bevölkerung. Am Tage nach der Einweihung waren die Kriegsschiffe und das Ehrenmal zur Besichtigungen frei gegeben.

An der Einweihung nahm Adolf Hitler zwar teil, hielt aber keine Rede – denn das Marine-Ehrenmal entsprach nicht seinen Architekturvorstellungen, vielmehr nannte er es später einmal ein „Kitschprodukt sondersgleichen", bezeichnete es als U-Boot-Denkmal und sah darin einen auf den Kopf gestellten Schiffsbug. Vom Aussehen des Marine-Ehrenmals hatte sich allerdings im März 1935 der „Stellvertreter des Führers", Rudolf Heß, informiert. Der Reichswehrminister, Generaloberst Werner v. Blomberg, hatte das Ehrenmal 1933 und 1935 (als Reichskriegsminister und Generalfeldmarschall) besichtigt. Er nahm auch an der Einweihung teil.

Der Oberbefehlshaber der Kriegsmarine, Generaladmiral Dr. h. c. Erich Raeder, nahm das Ehrenmal in die Obhut der Kriegsmarine und dankte Hitler für den Aufbau der Marine.

Die Kriegsmarine stellte fortan das Wachpersonal.

Adolf Hitler besuchte das Ehrenmal niemals wieder; selbst seinen Staatsgast Admiral Nikolaus Horthy (Reichsverweser von Ungarn) ließ er 1938 nach der Taufe des Schweren Kreuzers PRINZ EUGEN auf der Germania-Werft in Kiel allein in Begleitung Admiral Raeders das Ehrenmal besuchen, blieb aber selber auf seiner Staatsyacht, Aviso GRILLE.

Die Einweihungsfeier fand am 30. Mai 1936 im Stil des nationalsozialistischen Regimes statt – (fast) alle der ungezählten Teilnehmer in Marineuniform oder in der „Uniform" einer Organisation, viele Staatsflaggen, Kaiserliche Kriegflaggen und Flaggen des N. S. Deutscher Marinebundes oder anderer Organisationen.

Zeiteinteilung
zur Einweihung des Marine-Ehrenmals in Laboe

Freitag, den 29. Mai 1936:

Vormittags: Flottenübungen in der äußeren Kieler Förde.

Sonnabend, den 30. Mai 1936:

Staatsakt zur Einweihung des Marine-Ehrenmals in Laboe.

Der Staatsakt beginnt um 11 Uhr.

Fanfaren.
Sanctus von Schubert.
Sprechchor: „Mahnmal".
Übergabeworte des Architekten, G. A. Munzer.
Ansprache des Bundesführers, Fregatten-Kapitän a. D. Hintzmann.
„O Deutschland hoch in Ehren".
Ansprache Seiner Exzellenz, Vizeadmiral a. D. v. Trotha.
„Volk ans Gewehr".
Ansprache des Oberbefehlshabers der Kriegsmarine, Generaladmiral Dr. h. c. Raeder.

Kranzniederlegung am Ehrenbuche der Kriegsmarine in der Weihehalle und Salut der Flotte.

Abends 20 Uhr: Kundgebung des NS.-Deutschen Marine-Bundes in der Nordseehalle.

Die Kundgebung beginnt pünktlich um 20 Uhr und ist 21,30 Uhr beendet.

Flaggenparade und Fahneneinmarsch.
Ansprache des Kommandierenden Admirals der Marinestation der Ostsee, Admiral Albrecht.
Nationalhymnen.
Ansprache des stellvertretenden Bundesführers des Soldatenbundes, Oberpräsident Gauleiter Schwede-Coburg.
Sprechchor: „Skagerrak".
Festrede Seiner Exzellenz Vizeadmiral a. D. v. Trotha.
Schlußansprache des Bundesführers.
Flaggenlied.
Fahnenausmarsch.

Im Anschluß an die Kundgebung Vorbeimarsch der Fahnenabteilungen des Bundes vor dem Oberbefehlshaber der Kriegsmarine. Bei der Kundgebung wirken mehrere Kapellen der Kriegsmarine mit.

Sonntag, den 31. Mai und Montag, den 1. Juni 1936:

Kriegsschiffsbesichtigung:

Die Einweihung des Marine-Ehrenmals am 30. Mai 1936 war Teil einer umfangreichen Veranstaltungsfolge der Kriegsmarine. Diese hatte bis zum deutsch-britischen Flottenabkommen (18. Juni 1935) unter großzügiger Auslegung der Bedingungen des Versailler Vertrages aufgerüstet. 1936, im Jahr der Olympischen Spiele, aber auch des Vier-Jahres-Aufrüstungsplanes, konnte die Marineführung der politischen Führung und der Bevölkerung vor allem die drei „revolutionären" Panzerschiffe, mehrere Leichte Kreuzer und U-Boote vorführen. Und bei den Deutschen Werken auf dem Ostufer der Kieler Förde lag das Schlachtschiff GNEISENAU bereit zum Stapellauf am 8. Dezember 1936 (Jahrestag des Seegefechtes bei den Falklandinseln, s. S. 56).

Im Einvernehmen mit dem
Oberbefehlshaber der Kriegsmarine
gibt sich
der Bundesführer des NS. Deutschen Marine-Bundes
Fregattenkapitän a. D. Hintzmann
die Ehre

Herrn Johs. T h ö l

zum Staatsakt und zur Kundgebung anläßlich der **Einweihung** des vom Nationalsozialistischen Deutschen Marine-Bund geschaffenen **Marine-Ehrenmals in Laboe** am Sonnabend, dem 30. Mai 1936, 11 Uhr, einzuladen.

Bitte wenden!

Zur Einweihung 1936 brachte die britische Delegation die Schiffsglocke von SMS Seydlitz mit. Der Schlachtkreuzer Seydlitz hatte sowohl im Gefecht auf der Doggerbank (24. Januar 1915), als auch in der Skagerrak-Schlacht schwere Schäden und Verluste erlitten. Wie alle Einheiten der Hochseeflotte der Kaiserlichen Marine wurde auch Seydlitz am 21. Juni 1919 im Internierungshafen,

Der Zeitzeuge Walter Bruchmüller erinnert sich 2004 an die Einweihung des Marine-Ehrenmals in Laboe am 30. Mai 1936:

„Ich wurde 1914 geboren und meldete mich 1933 nach meiner Elektriker-Lehre freiwillig zur Marine. Mein älterer Bruder diente dort schon zwölf Jahre; er gab mir den Ratschlag, mich für die technische Laufbahn zu bewerben. Darauf nahm die Marine aber keine Rücksicht, sondern ich wurde für die Funker-Laufbahn bestimmt. Einberufen wurde ich nach Kiel zur Einstellungsprüfung, bei der ordentlich „gesiebt" wurde. Die militärische Grundausbildung absolvierte ich auf dem Dänholm (bei Stralsund); die Fachausbildung auf der Fernmeldeschule in Flensburg-Mürwik. Ab April 1934 war ich dann zweiter Funker auf einem Schnellboot, später erster Funker ausgerechnet auf dem Führerboot der Schnellboot-Halbflottille (heute: Geschwader). Während der Seefahrt stiegen auch der Flottillenchef und sein Adjutant auf unserem Boot ein. Sie gaben ihre Befehle an die Flottille fast

Nach den Reden des Oberbefehlshabers der Kriegsmarine und des Bundesführers des N. S. Deutschen Marinebundes, Fregattenkapitän a. D. Ernst Hintzmann (geb. 23.06.1880, gest. 17.01.1951) begaben sich Adolf Hitler, Generalfeldmarschall v. Blomberg, Generaladmiral Dr. h. c. Erich Raeder sowie eine begrenzte Anzahl weiterer Personen zur Kranzniederlegung und offiziellen Einweihung in die Weihehalle (heute Gedenkhalle).

immer per Funk ab. Das muss ich wohl zur Zufriedenheit meiner Vorgesetzten bewältigt haben, denn schon drei Jahre nach Diensteintritt schickte man mich (als Jüngsten?) zum sechsmonatigen Unteroffizierslehrgang in der I. Marineunteroffizierlehrabteilung Friedrichsort (Kiel). Hier wurde ich für die Ehrenkompanie ausgewählt, die bei besonderen Anlässen die Marine repräsentierte; dazu gehörte z. B. der Aufmarsch am 1. Mai 1936 in Berlin und eben auch die Einweihung des Marine-Ehrenmals in Laboe. Für solche Einsätze mussten wir vorher im Dienst und in unserer Freizeit üben. Der Lohn war dann bei den Aufmärschen die Begeisterung der Bevölkerung gerade für uns von der Marine.

Das Ehrenmal lernten wir zuvor aus einer ganz besonderen Perspektive kennen – wir mussten dort nämlich im Arbeitseinsatz den „Ehrenhof" vom Bauschutt und Material säubern.

Am 30. Mai 1936 fuhren wir mit einem eigenen Schiff von Friedrichsort nach Laboe. Ich erinnere mich nicht, dass wir allzu frühzeitig aufbrachen; vielmehr kamen wir wohl gerade so an, dass es dann auch bald losgehen konnte. Als wir ankamen, sahen wir die vielen Teilnehmer, für die hohe Tribünen aufgebaut waren. Wir stellten uns in drei Gliedern mit „Front" zum Turm (mit dem Rücken zur Ehrenhalle) auf. Vor dem Turm standen Fahnenabordnungen. Dazwischen war Platz für die fünf hohen Würdenträger – das waren Adolf Hitler, Generaladmiral Erich Raeder, Reichswehrminister Werner v. Blomberg, der Admiral Conrad Albrecht (Kommandierender Admiral der Ostseestation) und Kapitän zur See Raul Mewis (Festungskommandant). Sie kamen denn auch bald und stellten sich vor uns auf, ebenfalls mit Front zum Turm, wir sahen also nur ihre Rücken.

An die Reden (des Bundesführers des NS Deutschen Marinebundes, Fregattenkapitän a. D. Hintzmann und dem Oberbefehlshaber der Kriegsmarine, Generaladmiral Dr. h. c. Erich Raeder) erinnere ich mich nicht. Hitler hat sicher gar nicht gesprochen. Die hohen Herren müssen dann rechts herum durch einen frei gelassenen breiten Gang durch die Ehrenhalle in die unterirdische Weihehalle gegangen sein.

Unsere Ehrenkompanie marschierte als erste vom Marine-Ehrenmal ab. Unbehelligt von den Menschenmengen, die aus ganz Deutschland gekommen waren, gelangten wir zum Hafen und setzten nach Friedrichsort über. Dort aß ich in Ruhe zu Mittag, fuhr dann in die Stadt zum Treffen mit Verwandten, die auch in Laboe gewesen waren. Sie trafen aber erst lange nach mir ein, was ja wohl darauf schließen lässt, wie viele Menschen an der Einweihungsfeier des Marine-Ehrenmals teilgenommen hatten, die nur langsam von den Fördeschiffen abtransportiert werden konnten."

Der Zeitzeuge Konteradmiral a. D. Hans-Rudolf Rösing erinnert sich 2004 an die Einweihung des Marine-Ehrenmals in Laboe am 30. Mai 1936:

Ich war damals Kapitänleutnant und in Kiel stationiert. Mein Vater, Vizeadmiral a. D. Bernhard Rösing, war von 1928 bis 1933 Bundesvorsitzender des Bundes Deutscher Marinevereine gewesen. Er hatte mit hohem persönlichen Einsatz in schwieriger Zeit den Bau des Ehrenmals vorangetrieben. Nach seinem Rücktritt von diesem Amt blieb er als Vorsitzender des Ehrenmalausschusses weiter verantwortlich für den Bau des Marine-Ehrenmals.

Um ihm eine Freude zu machen, bat ich meine Vorgesetzten, am Staatsakt der Einweihung des Marine-Ehrenmals als Führer der Ehrenkompanie teilnehmen zu dürfen. Damit stand ich ja, gut sichtbar für meinen Vater, in der ersten Reihe. Mit den Unteroffizieranwärtern musste ich vorher nicht üben, das machten die Zugoffiziere. Meiner Erin-

Generaladmiral Dr. h. c. Erich Raeder, Adolf Hitler, Generalfeldmarschall Werner Conrad Raul v. Blomberg, Admiral Albrecht und Kapitän zur See Mewis, dahinter die Ehrenkompanie.

nerung nach stieß ich erstmals am Tage des Ereignisses am Ehrenmal zur Kompanie.

An den Staatsakt selbst habe ich kaum Erinnerungen, weil sie von einem anderen Ereignis überlagert wurden. Wir werden, so nehme ich an, nach den öffentlichen Reden auf dem Ehrenhof dort stehen geblieben sein, während die Offiziellen in die Weihehalle hinunter gingen. Wir blieben stehen, bis sie wieder herauf kamen. Als die Offiziellen dann in Richtung Laboe das Ehrenmal verließen, blieb mein Vater alleine zurück – niemand hatte offensichtlich daran gedacht, ihn, der ja den Bau des Marine-Ehrenmals erst als Bundesvorsitzender und dann als Ausschussvorsitzender vorangetrieben hatte, zum offiziellen Mittagessen mitzunehmen.

Als er da so alleine neben dem Turm stand, sagte ich dem Kompanieführer (= Zugführer des 1. Zuges), er solle die Kompanie zurückführen. Ich selber aß mit meinem Vater in einem Laboer Restaurant zu Mittag und fuhr anschließend mit ihm auf einem normalen Fördedampfer nach Kiel zurück.

Dieses persönliche Erlebnis blieb mir in Erinnerung; dahinter traten andere Ereignisse, wie z. B. die Begegnung mit Hitler oder die Rede Admiral Raeders, in den Hintergrund. An eine persönliche Begegnung mit Hitler erinnere ich mich erst für zwei spätere Zeitpunkte, nämlich anlässlich seines Besuches der U-Boote in Wilhelmshaven und einer Parade in Kiel."

Die Schiffsglocke von SMS SEYDLITZ befindet sich zwischen den Türen zur Eingangshalle des Turmes; ihre Schläge begleiten die Delegationen zu Kranzniederlegungen.

Die Glocke des Schlachtkreuzers SEYDLITZ

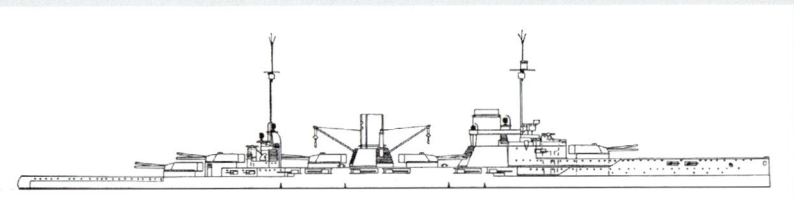

Eine Delegation der Royal Navy überreichte die Schiffsglocke von SMS SEYDLITZ (benannt nach Friedrich Wilhelm v. Seydlitz, preußischer General, 1721–1773) anlässlich der Einweihung des Marine-Ehrenmals am 30. Mai 1936. Das Schiff war wie die gesamte kaiserliche Hochseeflotte am 21. Juni 1919 im britischen Stützpunkt Scapa Flow von der eigenen Besatzung versenkt worden. Später wurde das Wrack wie fast alle anderen unter großen Schwierigkeiten gehoben und verschrottet. SEYDLITZ war beim Gefecht auf der Doggerbank am 24. Januar 1915 (165 Tote) und wieder in der Skagerrak-Schlacht (98 Tote) schwer getroffen worden und erreichte in beiden Fällen nur unter Schwierigkeiten Wilhelmshaven.

dem britischen Stützpunkt Scapa Flow, von der eigenen Besatzung versenkt. SEYDLITZ-Glockenschläge begleiten seit 1936 die Delegationen zu Kranzniederlegungen in die Gedenkhalle.

Die überregionalen Zeitungen berichteten zwar vom Staatsakt der Einweihung, ein Bild gab es aber nur in der regionalen Ausgabe des „Völkischen Beobachters". Auch dies ist ein Hinweis auf die Distanz des NS-Regimes zu diesem Ehrenmal, das ja zu Zeiten der so genannten verachteten „Systemzeit" der Weimarer Republik entworfen worden war. Zehn Jahre nach der Einweihung (1946) erklärte denn auch die britische Militärregierung, dass das Marine-Ehrenmal *nicht den Krieg und den Geist des Angriffs verherrlicht, sondern zu denen gehört, deren Zweck ein persönlicher Tribut (für die) ... im Dienste des Landes gefallenen Angehörigen der Marine ist.* Ungeachtet aller Fürsprache zum Erhalt des Ehrenmals durch deutsche Offiziere, die später als Politiker bekannt wurden (u. a. Franz Meyers, später Ministerpräsident von Nordrhein-Westfalen, Erich Mende, später FDP-Bundespolitiker), war die positive Einschätzung britischer Politiker in beiden Häusern des Parlaments entscheidend für den Erhalt des Marine-Ehrenmals in Laboe.

Im Zweiten Weltkrieg (1939-1945) war das Ehrenmal unbeschädigt geblieben. Es wird berichtet, dass es, wenn bei Fliegerangriffen Stadt, Förde und Umgebung in künstlichen Nebel gehüllt waren, oberhalb dieses Nebels sichtbar war und so (möglicherweise) den Angreifern als Ansteuerungspunkt für die Angriffe auf Kiel diente.

Nach Ende des Zweiten Weltkrieges wurde der NS-Deutsche Marinebund verboten und enteignet, das Marine-Ehrenmal von der britischen Besatzungsmacht beschlagnahmt. Überlegungen, es wie alle *Denkmäler militärischen Charakters* zu vernichten, wurden, wie schon erwähnt, bald durch das britische Oberhaus beendet. Als von der britischen Besatzungsmacht eingesetzter Treuhänder wirkte der Bürgermeister von Laboe, Werner Carstensen.

Generaladmiral Dr. h. c. Erich Raeder, Oberbefehlshaber der Kriegsmarine, am 30. Mai 1936:

„Mein Führer! Kameraden!
Mit freudiger Genugtuung übernehme ich das Marine-Ehrenmal in die Obhut der Kriegsmarine. Das Ehrenmal, vor dessen ragendem Bau seit langer Zeit bereits die Flaggen der passierenden Schiffe sich in Ehrfurcht senken. Die Weihestätte, die wie nur wenige ihrer Art ein Mahnmal ist nicht nur zum bleibenden Gedächtnis an unsere vor dem Feinde gebliebenen Schiffe und Kameraden, sondern darüber hinaus auch für die lebendige Kraft des Geistes und des Willens, der durch sie verkörpert wurde.
In einem freien Deutschland, als freies, aufrechtes Volk, das in mannhafter Geschlossenheit hinter seinem Führer sich aufs neue die Achtung der Außenwelt erobert hat, dürfen wir heute – zwanzig Jahre nach der Skagerrakschlacht – diese Weihestunde begehen. (...)
Mein Führer!
Aus nächlichem Dunkel haben Sie uns, und haben Sie mit der Marine ein ganzes dankbares Volk aufwärtsgeführt zur Morgenröte einer lichteren Zukunft. Der Segen des Allmächtigen möge Sie und das deutsche Volk geleiten auf dem steilen, dornenvollen Wege des Aufstiegs, den Sie uns führen.
Wir aber, die wir hier in Ihrer Gegenwart zu weihevoller Stunde versammelt sind, wir geloben Ihnen im Angesicht dieses nationalen Heiligtumes aufs neue unwandelbare Treue und Gefolgschaft. Wir bringen die Empfindungen, die in diesem für die Marine historischen Augenblick unsere Herzen erfüllen, zum Ausdruck, in dem wir rufen: Des deutschen Volkes Führer Adolf Hitler, der Oberste Befehlshaber der Wehrmacht, unser deutsches Volk und Vaterland: Sieg Heil!"

Adolf Hitler und Generaladmiral Raeder (beide mit „deutschem Gruß") und weitere Marineoffiziere sowie Ehrengäste am 30. Mai 1936 in der Weihehalle (heute Gedenkhalle).

Das Marine-Ehrenmal kurz vor der Einweihung.

Hitler am 29. Juli 1942

„29.7.1942 (Werwolf) Beim Abendessen stellte der Chef (Hitler) vom U-Boot-Denkmal in Laboe (bei Kiel) fest, dass es mit seinem verkehrt herumgestellten Schiffsbug ein Kitschprodukt sondersgleichen sei." (Quelle: Dr. Henry Picker: Hitlers Tischgespräche im Führerhauptquartier; Stuttgart: Seewald Verlag 1977, S. 478) Dieses Zitat zeigt Hitlers geradezu groteske Phantasie und gleichzeitig falsche Erinnerung – mit seiner Idee von einem auf den Kopf gestellten Schiffsbug steht er völlig alleine; und das U-Boot-Ehrenmal steht in Möltenort. Interessanterweise fehlt gerade dieser Teil der Aufzeichnungen vom 29. Juli 1942 in gekürzten Ausgaben der „Tischgespräche".

Flaggenraum und Ausstellung „Geschichte des Marine-Ehrenmals"

Durch Einziehen einer zweiten Decke gewann man im Turm ein zweites Stockwerk.

Im ersten Stockwerk des Turmes sind die Seeluftstreitkräfte bzw. Seeflieger der verschiedenen deutschen Marinen dargestellt. Vor allem bietet dieses Stockwerk in seinem hinteren Raum, wahrscheinlich einmalig in der Bundesrepublik Deutschland, die Flaggen deutscher Seestreitkräfte von 1657 bis zur Gegenwart. Im Stockwerk darüber befindet sich eine Ausstellung zur „Geschichte des Marine-Ehrenmals".

Von hier betritt der Besucher das imposante Treppenhaus mit seinen über 300 Treppenstufen. Mehr noch als von außen betrachtet, gewinnt man hier drinnen einen Eindruck von der Höhe und Großartigkeit des Bauwerks.

Bis auf 57 m Turmhöhe bringen die zwei Aufzüge die Besucher. Auf dieser Höhe gibt es eine Aussichtsplattform, von der aus man aber nur nach Osten, Süden und Westen sehen kann. Den Blick nach Norden auf den (ehemaligen) „Exer-

Die Zusammenstellung der „Flaggen deutscher Seestreitkräfte" im 1. Stockwerk des Turmes dürfte einmalig sein. Die zugehörigen Erläuterungen geben einen knappen Überblick zur deutschen Marinegeschichte.

Im Vordergrund die Kriegsflagge der Reichsmarine (1922-1933), im Hintergrund (von rechts) die Flagge der Kurbrandenburgischen Marine, die Flagge der Kaiserlich-Königlichen Österreich-Ungarischen Kriegsmarine und die Flagge der Königlich-Preußischen Kriegsmarine.

Ein Raum im 1. Stock des Turmes ist den See- und Marinefliegern deutscher Marinen gewidmet.

Im 2. Stockwerk des Turmes informiert eine Ausstellung über „Die Geschichte des Marine-Ehrenmals". Der Bronzekranz neben dem Eingang zur Ausstellung erinnert an den Besuch des Reichsverwesers des Königreichs Ungarn, Vizeadmiral a. D. Nikolaus Horthy de Nagybánya, nach der Taufe des Schweren Kreuzers PRINZ EUGEN am 22. August 1938.

Vorherige Seite: Im Treppenhaus erhält der Besucher einen besonderen Eindruck von der Größe des Marine-Ehrenmals.

zierplatz der kaiserlichen Hochseeflotte" oder den Schauplatz der Kieler Woche und der Olympischen Segelwettbewerbe 1972 hat der Besucher erst und besonders von der oberen Plattform, aus 85 m Höhe über der Meeresoberfläche. Der Blick reicht in Abhängigkeit von der Wetterlage bis nach Fehmarn im Osten, zu den dänischen Inseln oder zum Ferienort Damp 2000 an der Ostseeküste nach Norden und ins Binnenland über Felder und Knicks, im Frühsommer über knallgelbe Rapsfelder sowie auf die Innenförde nach Kiel. Dieser unbeschreibliche Blick vom Turm zieht vermutlich viele Besucher ins Marine-Ehrenmal. Aus Sicherheitsgründen mussten im Jahre 2000 auf beiden Plattformen Schutzgitter angebracht werden.

Im Außenbereich des Marine-Ehrenmals finden wir…

… den PRINZ EUGEN-Platz. Der schwere Kreuzer PRINZ EUGEN lief 1938 bei der Krupp-Germania-Werft in Kiel vom Stapel. Im Zweiten Weltkrieg blieb das Schiff weitgehend unbeschädigt. Nach Kriegsende wurde es den Amerikanern als Kriegsbeute zugesprochen und im Januar 1946 als U.S.S. IX 300 PRINZ EUGEN von der deutschen Besatzung unter amerikanischer Aufsicht in die USA überführt. Bei zwei Atombombenversuchen beim Bikini-Atoll wurde das Schiff als Zielschiff verwendet. Es kenterte am 22. Dezember 1946 im Kwajalein-Atoll.

Schwerer Kreuzer PRINZ EUGEN

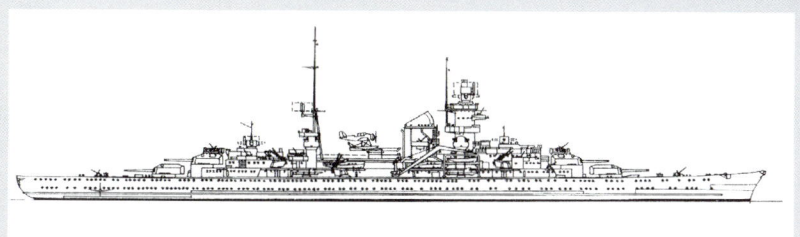

Nach den Panzerschiffen DEUTSCHLAND, ADMIRAL SCHEER und ADMIRAL GRAF SPEE sowie den Schlachtschiffen SCHARNHORST und GNEISENAU gehörte PRINZ EUGEN (benannt nach Prinz Eugen v. Savoyen-Carignan, Feldmarschall des Heiligen Römischen Reiches Deutscher Nation, 1663–1736) mit BLÜCHER und ADMIRAL HIPPER zur neuen Typreihe der Schweren Kreuzer.

Das Schiff wurde 1936 auf der Germania-Werft in Kiel gebaut, lief hier am 22. August 1938 vom Stapel und wurde am 1. August 1940 in Dienst gestellt. Die Bewaffnung des 19.042 ts großen Schiffes (Länge 208 m, Breite 22 m, Tiefgang 7,20 m) bestand aus vier Zwillingstürmen Kaliber 20,3 cm, zwölf Flugabwehrkanonen (Doppellafette) Kaliber 10,5 cm, zahlreichen kleineren Flugabwehrkanonen, zwölf Torpedorohren und drei Bordflugzeugen. Als Besatzung waren max. 1.599 Mann an Bord.

Einige Hauptereignisse aus der Dienstzeit der PRINZ EUGEN:
- 1941 Mit Schlachtschiff BISMARCK Vorstoß in den Nordatlantik, 24.05. Gefecht mit den britischen Großkampfschiffen PRINCE OF WALES und HOOD (versenkt, 1.338 Tote); 27.05. BISMARCK versenkt (1.977 Tote).
- 1942 Mit den Schlachtschiffen GNEISENAU und SCHARNHORST wegen Luftbedrohung Rückzug von Frankreich durch den Englischen Kanal nach Deutschland.
- 1944/45 Teilnahme an den Kämpfen im Gebiet der östlichen Ostsee; Beschießung der nach Deutschland vorrückenden sowjetischen Truppen.
- 1945 Auslieferung als Kriegsbeute an die USA; anschließend Indienststellung als U.S.S.IV PRINZ EUGEN; unter US-amerikanischem Kommando mit deutscher Besatzung nach Boston

überführt. Nach Atombombenversuchen im Bikini-Atoll/Marshall-Inseln ins Kwajalein-Atoll/Marshall-Inseln geschleppt und dort gekentert.

Ehemalige Besatzungsangehörige der PRINZ EUGEN hatten 1973 die Idee, eine der Schiffsschrauben zu bergen. Diesen Gedanken nahm der Deutsche Marinebund e. V. auf. 1977 wurde die Backbordschraube aus 40 m Wassertiefe gehoben und 1979 von der US-amerikanischen Marine und der Reederei HAPAG-Lloyd nach Deutschland gebracht. Am 24. November 1979 wurde sie am Marine-Ehrenmal in Laboe aufgestellt. Wiederholte TÜV-Prüfungen erwiesen die Schraube als strahlungsfrei.

Die Tafel für die im Zweiten Weltkrieg gefallenen U-Boot-Fahrer der US Navy wurde am 30.Oktober 1982 aufgestellt - erstmals in einem europäischen Staat. Bis dahin hatte es solche Tafeln nur in Australien und in Neuseeland gegeben. An der Aufstellung nahmen Vertreter der US Navy, der Bundesmarine, der Landesregierung Schleswig-Holstein, der Stadt Kiel und der Gemeinde Laboe teil.

Die drei Gingko-Bäume gegenüber der PRINZ EUGEN-Schraube brachte das Schulschiff DEUTSCHLAND der Bundesmarine 1965 vom ersten Nachkriegsbesuch eines Schiffes der Bundesmarine in Japan mit.

Die alte Kanone wurde 1900 in China erbeutet, als das deutsche Seebataillon zusammen mit Land- und Seestreitkräften aus Großbritannien, Russland, Frankreich, den Vereinigten Staaten von Amerika, Japan, Italien und Österreich eingesetzt war zur Niederschlagung des „Boxeraufstandes". Insofern steht diese Kanone für einen internationalen Einsatz zu Beginn des 20.Jahrhunderts.

Die Backbordantriebsschraube (Propeller) des Schweren Kreuzers PRINZ EUGEN befindet sich seit 1979 auf dem Gelände des Marine-Ehrenmals.

Auf Wunsch der ehemaligen U-Bootfahrer der US-amerikanischen Marine wurde 1982 diese Gedenktafel aufgestellt.

Der PRINZ EUGEN-Platz mit Modell, Informationstafel und Antriebsschraube, einer Ankertaumine aus dem Ersten Weltkrieg, einer Kanone aus dem Boxeraufstand (siehe nächste Seite) sowie japanischen Gingko-Bäumen; dazu (links) erklärende Tafeln.

Eine Kanone aus dem Boxer-Aufstand (1900-1901)

Als Reaktion auf das verstärkte Eindringen von Fremden nach China brach 1900 der sogenannten „Boxer-Aufstand" aus. Er wurde so nach einem der größten chinesischen fremdenfeindlichen Geheimbünde genannt und fand Sympathie und Unterstützung auch bei offiziellen chinesischen Stellen.

Zum Schutze des Gesandtschaftsviertels in Peking und fremder Besitzungen in Tientsin wurden im Juni 1900 von den vor der Peiho-Mündung versammelten ausländischen Kriegsschiffen britische, deutsche, russische, französische, US-amerikanische, japanische, italienische und österreichische Truppen ausgeschifft. Die insgesamt etwa 2.100 Soldaten traten unter Führung des britischen Vizeadmirals Seymour die Fahrt mit Eisenbahnzügen nach Tientsin und Peking an. Bei Gefechten um das Fort und Arsenal Hsi-ku gab Admiral Seymour zur Verstärkung seiner schwachen Spitze dem deutschen Landungskorps (unter Führung von Kapitän zur See v. Usedom) den später durch ein Bild berühmt gewordenen Befehl: „The Germans to the front!"

Nachdem am 20. Juni 1900 der deutsche Gesandte in Peking bei einem Vermittlungsversuch ermordet worden war, ordnete Kaiser Wilhelm II. noch am gleichen Tage die Verschiffung der zwei mobilen Seebataillone (Marine-Landtruppen) nach Ostasien an. Er verabschiedete sie mit der schon damals umstrittenen „Hunnenrede". Die erste Li-

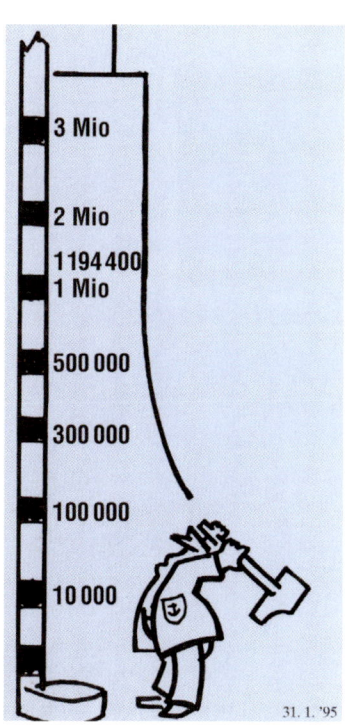

Das „Spendenbarometer" (oder ein „Hau-den-Lukas") machte in der Verbandszeitung das Ziel und das erreichte Zwischenergebnis der Spendenwerbung deutlich.

Der zur Rundum-Sanierung eingerüstete Turm (1997).

Im Spiegel der Presse und im Wirbel der Kritik

Das imposante Bauwerk scheint als Medienthema wenig geeignet – vielleicht auch wegen seiner grundsätzlichen Unangreifbarkeit, wie sie durch die Eintragung ins „Denkmalbuch für die Kulturdenkmale von besonderer Bedeutung aus geschichtlicher Zeit" des Landes Schleswig-Holstein (1967) zum Ausdruck kommt. Andere nationale Gedenkstätten dagegen, wie z. B. das „Völkerschlachtdenkmal" (bei Leipzig) oder das „Hermannsdenkmal" (Teutoburgerwald), ziehen entweder wegen ihrer Sanierungsbedürftigkeit nach langer Vernachlässigung oder wegen ihres umstrittenen Standortes immer wieder das Interesse der Medien auf sich.

Gelegentlich aber richtet(e) sich der Scheinwerfer der Medien doch auf das Marine-Ehrenmal. Am spektakulärsten war dies 1986 anlässlich der 50-Jahr-Feier der Einweihung der Fall. Ein Kieler Journalist schlug vor, das Ehrenmal durch Christo einpacken zu lassen. Christo untersagte die Nutzung seines Namens; aber nicht nur deswegen wurde aus dieser „Verpackung" nichts. Als 1997 der Turm für die umfassende Sanierung der Fassade vollständig eingerüstet wurde, dachte man im Deutschen Marinebund e.V. darüber nach, das Gerüst als Werbefläche zu nutzen, um mit den Werbeeinnahmen die Arbeiten leichter finanzieren zu können. Diese Idee scheiterte vornehmlich am Fehlen einer geeigneten Werbebotschaft, weniger am Protest vor allem Außenstehender. „Ganz offensichtlich aber war der Deutsche Marinebund e. V. mit dieser Idee nur zu früh an die Öffentlichkeit getreten – denn für die Lübecker Marienkirche fand sich (2003/2004) ein geeignetes Werbemotiv, und die Verantwortlichen ließen sich von Protesten nicht beirren."

Unter teils treffenden, teils aber auch erheblich irreführenden Überschriften berichteten verschiedene Zeitungen über die 50-Jahr-Feier der Einweihung des Ehrenmals. Ebenso „rauschte" es im Blätterwald im Zusammenhang mit der Neugestaltung der Eingangshalle und den Renovierungsarbeiten bzw. schlugen die Wellen der Empörung in einigen Publikationsorganen hoch. Die Aufregung beschränkte sich aber immer auf nur wenige regionale Zeitungen oder solche mit einer speziellen Leserschaft. Kritik von Besuchern oder aus dem politischen Raum erschöpfte sich jedes Mal schnell – selten waren Kritiker zu einer ernsthaften Erörterung mit dem Deutschen Marinebund e.V. über die Aussage des Ehrenmals, ihre Fortentwicklung und Umsetzung bereit.

Titelblatt des provozierend-polemischen Aufrufes eines Kieler Journalisten von 1986.

Häufig fand das Marine-Ehrenmal das Interesse der Medien – nicht immer mit sachlich richtigen Schlagzeilen und Aussagen.

Ein Wort zum Schluß

Das Marine-Ehrenmal in Laboe ist eine nationale Gedenkstätte mit weiter internationaler Anerkennung und zugleich ein Mahnmal – in der Weimarer Republik auch als Ansporn im „Kampf gegen Versailles" und für einen neuen Krieg gedacht, steht es seit 50 Jahren außer für das Gedenken an die Gefallenen deutscher Marinen auch für Völkerverständigung und inzwischen auch für eine friedliche Seefahrt auf freien Meeren.

Vor 50 Jahren hat der Deutsche Marinebund e.V. die Verantwortung für das Bauwerk übernommen – in Erinnerung an die Aufbauleistung des Bundes Deutscher Marine-Vereine und in Hinblick auf die Zukunft des Ehrenmals. Die Wiedergründung des Deutschen Marinebundes e.V. hängt unlösbar mit dem Willen, Verantwortung für das Marine-Ehrenmal zu übernehmen, zusammen.

Besucher des Ehrenmals aus dem In- und Ausland bestätigen die Richtigkeit der damaligen Entscheidung – das Ehrenmal ist fester Bestandteil der Denkmalslandschaft (Nord)Deutschlands und der Marinen aller Nationen. Seine seit dem Zweiten Weltkrieg gewachsene innere Bestimmung entspricht dem Bewußtsein und der Erwartung der Besucher. So wie das Marine-Ehrenmal diesem Besucherinteresse dient, ist es gleichzeitig aber auch materiell darauf angewiesen - ohne die Besucher kann es nicht existieren. Es kommt also darauf an, dass die gegenwärtige Generation das Marine-Ehrenmal in einen Zustand bringt und erhält, der es zukünftigen Generationen ermöglicht, Verantwortung dafür zu übernehmen.

Hierfür bedarf die Darstellung von Marine- und Seefahrtsgeschichte nachdrücklich der Erneuerung und für deren Verwirklichung der Unterstützung durch die Besucher – nur deren Interesse und Besuch ermöglichen auch die Erneuerung der Historischen Halle.

So wird aus dem vorliegenden Bildband ein wertvolles historisches Dokument. Damit es in einigen Jahren nicht von einem verschwundenen Bauwerk zeugt, muß das Marine-Ehrenmal nachwachsenden Generationen überzeugend als wichtiges Erbe im Bewusstsein gehalten werden. Auch dafür bedarf der Deutsche Marinebund e.V., bedürfen der seefahrende Teil der Nation und der Weltgemeinschaft der Unterstützung aller.

Zum Schluss sei an die Angehörigen von Heer und Luftwaffe erinnert, die im Dienst ihr Leben ließen. Ihrer wird im „Ehrenmal des Deutschen Heeres" (Festung Ehrenbreitstein bei Koblenz) bzw. im „Ehrenmal der Luftwaffe" (Fürstenfeldbruck) gedacht.

Das Ehrenmal der Luftwaffe in Fürstenfeldbruck.

Das Ehrenmal des Deutschen Heeres auf der Festung Ehrenbreitstein (Koblenz).

Literatur

ARTKÄMPFER, HEINRICH: Vom Panzerturm Laboe zum Marine-Ehrenmal, Plön: Ostholstein-Media-Edition 1991

HARTWIG, DIETER: Kontinuität und Wandel einer nationalen Gedenkstätte – das Marine-Ehrenmal in Laboe, in: Jens Graul/Michael Kämpf (Hg.): Dieter Hartwig – Marinegeschichte und Sicherheitspolitik, Bochum: Dr. Winkler-Verlag 2003, S. 231-250

PRANGE, THORSTEN: Das Marine-Ehrenmal in Laboe; Geschichte eines deutschen Nationalsymbols, (Hg. Deutscher Marinebund e. V.), Wilhelmshaven: Brune Druck- und Verlagsgesellschaft mbH 1996

SCHLIE, ULRICH: Die Nation erinnert sich; Die Denkmäler der Deutschen; München: Verlag C. H. Beck 2002

STOLZ, GERD: Historische Stätten der Marine in Schleswig-Holstein, Heide: Westholsteinische Verlagsanstalt Boyens & Co. 1990

Bildnachweis

Sämtliche historischen Bilddokumente aus dem Archiv des Deutschen Marinebundes e.V., aktuelle Fotos von Reinhard Scheiblich.

Partner für Maritime Hochtechnologie

Marineschiffe · Schnelle Passagierschiffe · MEGA Yachten
Reparatur · Service · Umbau

Blohm + Voss Repair GmbH
Ein Unternehmen der ThyssenKrupp Werften
Postfach 10 05 26 · D-20004 Hamburg
Telefon (+49 40) 31 19-80 00
Fax (+49 40) 31 19-33 05
www.blohmvoss-repair.com

Blohm + Voss GmbH
Ein Unternehmen der ThyssenKrupp Werften
Postfach 10 07 20 · D-20005 Hamburg
Telefon (+4940) 3119-0
Fax (+4940) 3119-3333
www.blohmvoss.com

Modell Belvedere · Entwurf: R. Berking · Robbe & Berking · Flensburg · Tel. 04 61/90 30 60 · www.robbeberking.com

AERONAUTICUM

Deutsches Luftschiff- und Marinefliegermuseum Nordholz

Täglich 10 bis 18 Uhr

Peter-Strasser-Platz 3
27637 Nordholz
Tel.: 04741-1819-0

Führungen nach Vereinbarung

www.aeronauticum.de

---

www.marinemuseum.de

Deutsches Marinemuseum
Wilhelmshaven

Im Blickpunkt
Deutsche Marinen
seit 1848

01. 04. bis 30. 09. täglich von 9.30 bis 18.30 Uhr 01. 10. bis 31. 03. täglich von 10.00 bis 17.00 Uhr
Südstrand 125 · 26382 Wilhelmshaven · Telefon 0 44 21 - 4 10 61 · Fax 0 44 21 - 4 10 63 · info@marinemuseum.de

Urlaubsspaß im Ostseebad Laboe

Sie suchen Ruhe, Entspannung und Natur? Oder Aktivität und Kultur? Laboe hat für jeden Geschmack etwas zu bieten!

Baden, Segeln, Surfen, Reiten, Hochseeangeln, Minigolf, Radfahren, Wandern, Strandpromenade, Kurpark, Lesehalle, Meeresbiologische Station und und und …

Kurbetrieb Ostseebad Laboe
Strandstr. 25
24235 Laboe
Tel. 04348/427553
Fax 04304/1781
E-mail: kurbetrieb@laboe.de
Internet: www.laboe.de

Norwegen. Wir bringen Sie hin!

 ColorLine

Bei uns gibt's mit 9 komfortablen Schiffen auf 6 Routen einfach mehr Vielfalt.

Je nach Strecke bieten wir Ihnen:

- Kabinen in 5 verschiedenen Kategorien
- Restaurants, Bars, Discos, Shops, Casinos und Internationales Entertainment
- Erlebnisreiche und interessante Kurzreisen nach Norwegen
- Tagungen, Konferenzen oder individuelle Incentives an Bord moderner Schiffe

Kurz, die abwechslungsreiche Erlebniswelt von Color Line

„Sorry Fährmann, Color Line bietet einfach mehr"

Infos und Buchung:
0431/7300-300
oder in Ihrem Reisebüro
www.colorline.com

Bücher des Nordens

Karl-Otto Dummer
Viermastbark Pamir
Die Geschichte eines legendären P-Liners geschildert von einem Überlebenden des Untergangs
224 Seiten, Großformat, gebunden,
mit 310 Abbildungen
ISBN 3-934613-17-9

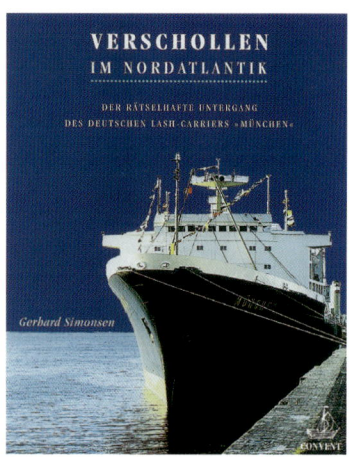

Gerhard Simonsen
Verschollen im Nordatlantik
Der rätselhafte Untergang des deutschen Lash-Carriers „München"
136 Seiten, Großformat, gebunden,
mit 78 Abbildungen
ISBN 3-934613-05-5

Jörg Hillmann und Reinhard Scheiblich
„Das rote Schloß am Meer"
Die Marineschule Mürwik seit ihrer Gründung
144 Seiten, Großformat, gebunden,
mit 172 Abbildungen
ISBN 3-934613-26-8

CONVENT VERLAG
Hamburg